Lehner · Die Esoterik der Freimaurer

*Als meine Frau hast Du das Buch begleitet,
wie eine Schwester manches angeregt.
Bevor es nun vor allen ausgebreitet,
sei es mit Dank in Deine Hand gelegt.*

Die in diesem Buch abgedruckten Gedichte sind mit Ausnahme der bisher unveröffentlichten Titel *Johannisrosen* und *Gebet eines Steinmetzen* den Gedichtbänden von Alfried Lehner *Eines zu sein mit allem* und *Ich bin eine Stufe,* beide Hohenloher Druck- und Verlagshaus, entnommen.

Alfried Lehner

DIE ESOTERIK
DER FREIMAURER

HOHENLOHER DRUCK- UND VERLAGSHAUS
GERABRONN UND CRAILSHEIM

4. Auflage 1997

© 1990 by Hohenloher Druck- und Verlagshaus Gerabronn und Crailsheim
Herstellung: Hohenloher Druck- und Verlagshaus Gerabronn
Sämtliche Rechte einschließlich des auszugsweisen Nachdrucks,
der Rundfunksendung und der fotomechanischen Wiedergabe
ausdrücklich vorbehalten.
Printed in Germany-West
ISBN 3-87354-188-2

INHALTSVERZEICHNIS

Die freimaurerischen Grundsätze	7
Der Spitzhammer	9
Die Freimaurer – woher kommen sie, was tun sie?	10
Freimaurerische Arbeitstafel	28
Bauplan des Lebens	29
Wege und Ziele	33
Der 24-zöllige Maßstab	51
Das Unaussprechliche	52
Wiederfinden	69
Das Ritual als psychologisches Phänomen	70
Johannisrosen	90
Das Schweigen	103
Schau in dich	109
Warum keine Frauen?	110
Am großen Bau	117
Die „geheimen Oberen"	118
Toast auf die Bruderschaft	124
Die Würde des Menschen – Aufgabe und Chance für die Freimaurerei	125
Die Kelle	156
Sehr geehrter Herr	157
Gebet eines Steinmetzen	159

DIE FREIMAURERISCHEN GRUNDSÄTZE(*)

ARTIKEL 1

Die Großloge der Alten Freien und Angenommenen Maurer von Deutschland ist ein Zusammenschluß von Freimaurerlogen. In ihrer Bruderschaft lebt die Überlieferung früherer deutscher Großlogen fort.

ARTIKEL 2

(1) In den Mitgliedslogen der Großloge arbeiten Freimaurer, die in bruderschaftlichen Formen und durch überkommene rituelle Handlungen menschliche Vervollkommnung erstreben. In Achtung vor der Würde jedes Menschen treten sie ein für freie Entfaltung der Persönlichkeit und für Brüderlichkeit, Toleranz und Hilfsbereitschaft und Erziehung hierzu.

(2) Glaubens-, Gewissens- und Denkfreiheit sind den Freimaurern höchstes Gut. Freie Meinungsäußerung im Rahmen der Freimaurerischen Ordnung ist Voraussetzung freimaurerischer Arbeit.

ARTIKEL 3

(1) Die Freimaurer sind durch ihr gemeinsames Streben nach humanitärer Geisteshaltung miteinander verbunden; sie bilden keine Glaubensgemeinschaft.

(2) Sie sehen im Weltenbau, in allem Lebendigen und im sittlichen Bewußtsein des Menschen ein göttliches Wirken voll

Weisheit, Stärke und Schönheit. Dieses alles verehren sie unter dem Sinnbild des Großen Baumeisters aller Welten.

ARTIKEL 4

(1) Die Freimaurer nehmen in ihre Bruderschaft ohne Ansehen des religiösen Bekenntnisses, der Rasse, der Staatsangehörigkeit, der politischen Überzeugung und des Standes freie Männer von gutem Ruf als ordentliche Mitglieder auf, wenn sie sich verpflichten, für die Ziele der Freimaurer an sich selbst zu arbeiten und in den Gemeinschaften, in denen sie leben, zu wirken.

(2) Mit seiner Aufnahme schließt der Freimaurer mit seinen Brüdern einen Bund fürs ganze Leben.

ARTIKEL 5

Die Großloge und ihre Mitgliedslogen nehmen in konfessionellen oder parteipolitischen Auseinandersetzungen nicht Stellung.

(*) Zitiert aus der Verfassung der Großloge der Alten Freien und Angenommenen Maurer von Deutschland vom 24. Mai 1974.

Der Spitzhammer

*Ich bin ein ungeformter Stein
und soll dereinst ein Baustein sein
am großen Bau der Menschenliebe.
Damit ich mich als Lehrling übe,
wie man den rauhen Stein behaut,
ist mir ein Hammer anvertraut.*

*Behutsam sei jedoch geführt
ein Werkzeug, das der Kunst gebührt.
Wie Künstler je ihr Werk betrachten,
so soll der Lehrling darauf achten,
daß er ein eignes Wesen bleibt,
im Stein mit seiner Handschrift schreibt.*

DIE FREIMAURER –
WOHER KOMMEN SIE, WAS TUN SIE?

Zur Fragestellung

Als Freimaurer wird einem häufig die sehr einfach und knapp formulierte Frage gestellt: Was ist denn die Freimaurerei eigentlich? – eine Frage, die leider nicht ebenso einfach – etwa mit einem Satz – zu beantworten ist. Wäre es so leicht, das Wesen dieses Bundes mit wenigen Worten erschöpfend zu beschreiben, dann würden nicht so krasse Mißverständnisse bestehen, die in manchen Fällen sogar zu Anfeindungen führen. Freimaurerei ist ein so komplexes Phänomen, daß derjenige, der sich ein objektives Bild von ihr machen will, sich schon bemühen muß, in großen Zusammenhängen zu denken und sich zu öffnen für Bereiche der Geschichte, der Philosophie, der Mythologie und auch der Psychologie.

Aus diesem Grunde kann auch die folgende Darstellung kein lückenloses Bild von der Freimaurerei als Ganzem vermitteln. Sie muß Schwerpunkte setzen, die es dem Interessenten ermöglichen, von einem Grundwissen ausgehend, durch weitere Informationen nach und nach ein klares Bild zu gewinnen, wie ein Steinmetz aus dem rohen Block allmählich die gewünschte Form herausarbeitet. Der manchmal erhobene Vorwurf, man könne über diesen Bund nichts erfahren, die Geheimniskrämerei der Freimaurer erschwere die Meinungsbildung, ist unbegründet. Allein die Brockhaus-Enzyklopädie vermittelt in fünf Spalten hervorragende und sehr ins einzelne gehende Informationen mit Bildern, u. a. aus dem Inneren eines Freimaurertempels. Im Anhang zu diesem Kapitel sind aus der großen Fülle der vorhandenen seriösen Literatur über Freimaurerei einige wenige Werke angeführt, die dem interessierten Leser als weiterführende

Literatur dienen können. Ein Verlag, der sich auf freimaurerische Literatur spezialisert hat, ist der Bauhütten Verlag in Münster.

Der Begriff ,,Freimaurer"

Beginnen wir mit dem Begriff ,,Freimaurer". Was bedeutet dieses Wort? Woher kommt es?

Es sei gleich vorweggeschickt, daß der Wortbestandteil ,,frei" nichts mit Freidenkerei im Sinne von Areligiosität zu tun hat. Für die Freimaurerei spielt die Gedankenfreiheit, die in der Aufklärung durch Freimaurer maßgeblich miterrungen wurde, zwar eine grundlegende Rolle, in ihren Reihen finden sich aber Männer der verschiedensten Weltanschauungen, so auch Gläubige vieler Religionen einschließlich deren Geistliche.

Das Wort ,,Freimaurer" ist eine ungenaue Übersetzung des englischen Wortes ,,Freemason", das früher die Steinmetzen und Kirchenbauer bezeichnete. Über die Entstehung des Wortes sind die Meinungen geteilt: Nach der einen Anschauung wurde unter Freemason jener höher qualifizierte Bauarbeiter verstanden, der den free-stone, den zum Schmuckstück zu verarbeitenden härteren Stein, zu bearbeiten hatte, also der als Bildhauer tätige Steinmetz, zum Unterschied vom rough-stone mason, dem Rauhsteinmaurer, der den Mauerstein bearbeitete, und dem bricklayer, dem Maurer in unserem Sinne. Andere Forscher sehen im Freemason den höher qualifizierten Bauarbeiter, der zugleich als Architekt tätig war. Demgegenüber steht die Meinung, der Freemason sei der vom Zunftzwang der Stadtgemeinde, in der er eben arbeitete, freie Maurer, der Mitglied einer Bruderschaft der kirchenbauenden Steinmetzen war, einer Gemeinschaft, die je nach Arbeitsgelegenheit von Ort zu Ort zog und besondere Vorrechte genoß.

Herkunft des Freimaurerbundes

Wie dem auch sei, der Ursprung der Freimaurerei ist in den Dombauhütten des Mittelalters zu suchen. Die heutige Organisationsform nahm ihren Anfang in den Bauhütten Englands und Schottlands. Von dort her stammt auch das Wort ,,Loge." Das englische Wort ,,lodge" bezeichnete ursprünglich die Bauhütte im engeren Sinn, nämlich das Gebäude, das den Bauhandwerkern als Werkstatt, Aufenthalts- und Versammlungsraum diente. Später ging diese Bezeichnung auch auf die Organisationsform der Bauhandwerker über.

Als im 17. Jahrhundert die Zeit der großen Dombauten zu Ende ging, schlossen sich mehr und mehr Angehörige nichthandwerklicher Berufe den Bauhütten, den Logen, an. Adelige, Offiziere, Ärzte, Schriftsteller und andere Berufe finden wir in den Mitgliederlisten jener Zeit, also Männer, die mit der eigentlichen Tätigkeit der Bauhütten nichts zu tun hatten. Der Beginn dieser Entwicklung setzt bereits mehrere hundert Jahre früher ein. Geistliche, von denen ja einige auch die Bauherren der Dombauten waren, hatten schon sehr früh das Recht, Mitglied einer Bauhütte zu sein. In der Klagenfurter Steinmetzen- und Maurerordnung vom 4. Mai 1628, in der die Satzungen des Regensburger Steinmetzentages aus dem Jahre 1459 bestätigt werden, heißt es:

,,46. Item ist es auch erkendt worden, das man ainem jeglichen fromen mann, der des gottesdiensts begert, wol mag aufnemen; derselb sol geben am anfang vier plappert(1) und darnach alle jar zwen plappert, und soll ine des stain- und mauerwerchs ordnung nicht berüerendt sein, dan allein der gottesdienst.

47. In dem jar, da man zelt nach Christi geburt M.CCCC.LIX. [1459] jar, vier wochen nach ostern sindt die maister und werkleuth dieser brueJerschaft auf dem tag zu Regenspurg gewesen und haben dise ordnung gelobt auf das buech und ist dis alda beschlossen worden.''(2)

Kaiser Rudolf II. (1576 — 1612) soll Mitglied der Wiener Bauhütte gewesen sein.

Das Ansehen jener Bruderschaften muß eine solche Anziehungskraft ausgeübt haben, daß die Logen sich nach und nach umwandelten in geistige Gemeinschaften, die nunmehr nur noch symbolisch weiterbauten am ,,Tempel der Menschlichkeit'', nachdem ihre handwerkliche Tätigkeit zum Erliegen gekommen war. Die ersten Freimaurerlogen im heutigen Sinne waren entstanden. Sie schlossen sich am 24. Juni 1717 in London zu einer Großloge zusammen. Die Angehörigen der nichthandwerklichen Berufe wurden ,,accepted masons'' (angenommene Maurer) genannt, eine Bezeichnung, die sich bis heute in vielen Großlogen der Welt erhalten hat.

Ansehen und Brauchtum

Woher rührt nun jenes hohe Ansehen der Dombauhütten, daß es auch auf Berufsfremde eine solche Anziehungskraft ausübte?

Wir wissen von dem berühmten römischen Architekturtheoretiker Vitruv aus Cäsars und Augustus Zeiten, daß die ,,Vorläufer'' unserer Bauhütten, die römischen Collegia fabrorum, hohe ethische Forderungen an ihre Mitglieder stellten (Vorläufer in Anführungszeichen, weil es keine historisch nachweisbare Kontinuität zwischen beiden Organisationen gibt). Die Mitglieder jener Collegia sollten nicht nur philosophisch-ästhetische Bildung besitzen, sondern auch Tugend, Rechtschaffenheit und edles Betragen an den Tag legen.(3) Daß solche Anforderungen später in den geistlichen Bruderschaften, den Bauhütten der Klöster, weitergepflegt wurden, leuchtet ein. Sie behielten aber auch bei den nachfolgenden weltlichen Bauhütten ihren hohen Rang. Die erste uns bekannte Steinmetzordnung aus dem Jahre 1459 – eben jene vom Regensburger Steinmetzentag – zeigt eine feste bruderschaftliche Ordnung mit ethischen Verhaltensnormen, welche stark kirchlich ausgerichtet waren. So war z. B. verboten, einem Gesellen Arbeit zu geben, der *„jerlich nicht bichtet"* (jährlich nicht beichtet; Art. 35). Die bei der Bruderschaft eingehenden Gelder waren zur *„Förderung des Gottesdienstes"* zu verwenden. Unter der Einwirkung der Reformation wurden bei Neufassungen der Ordnungen die spezifisch katholischen Bezüge entfernt und die ethischen Auflagen erhielten mehr und mehr weltlichen Charakter. Für die Verwendung der Gelder wurde in einer 1563 erfolgten Überarbeitung der alten Steinmetzordnung bestimmt, *„Die armen damit zu fürdern und unser notdurft der ordnung zu versehen"* (Art. 33), oder an anderer Stelle (Art. 24), es zu verwenden *„zu hilff der armen und kranken unseres Handwercks"*.(4) Wir erkennen hier eine Art Kranken- und Rentenversicherung. Hier liegen aber auch die Wurzeln der karitativen Ausrichtung der Freimaurerei sowie ihres Grundsatzes der bruderschaftlichen Hilfeleistung. Was die Forderung nach einer sittlichen Lebenshaltung anbetrifft, so findet sich noch im „Bruderbuche der Breslauer Steinmetzen" aus dem Jahre 1707 die Forderung: *„So Solle auch, kein Meister, keinen Gesöllen fördern, der ein unehrliches Frauenvolk mit sich führet, oder ein unehrliches Leben führet mit weibespersohnen"*.(5)

Welchen Sinn hatten ethische Forderungen an Bauarbeiter seit frühester Zeit? Die folgende Antwort mag zunächst verwundern: Wer ein Wissen um die Geheimnisse des Kosmos und der Schöpfung bewahrt und weitergeben will, muß vertrauenswürdig sein, muß auch schweigen können, weil jenes

Wissen für die Ohren Uneingeweihter in manchen Epochen der Geschichte eine Gotteslästerung gewesen wäre. Hat doch bereits Pythagoras die Kugelgestalt der Erde erkannt, und seine Schüler lehrten ihre Bewegung im All um ein Zentralfeuer herum.(6) Das war zweitausend Jahre vor Kopernikus (1473 – 1543) und weitere hundert vor Galilei (1564 – 1642), dem die Verbreitung der Kopernikanischen Lehre, also des heliozentrischen Weltbildes, vom Papst untersagt wurde. In diesem Zusammenhang muß man auch die Verurteilung der Freimaurerei durch Papst Clemens XII. im Jahre 1738 sehen, jene Bulle „In eminenti", die durch spätere Päpste immer wieder erneuert wurde. Sie hat in keiner Weise etwas mit gottlosem Verhalten der Freimaurer zu tun. Es gibt Freimaurer-Rituale die stark christlich geprägt sind, und noch heute geschieht alles, was wir im Tempel begehen, „*in Ehrfurcht vor dem Großen Baumeister aller Welten*", der hier allerdings als Symbol zu verstehen ist, in welchem der einzelne Freimaurer seine Gottesvorstellung oder abweichende Weltanschauung erblicken kann. Aber: wenn eine verschwiegene Gemeinschaft ihren Mitgliedern ausdrücklich – per Satzung – erlaubt, frei denken, forschen und reden zu dürfen und das noch dazu unter Ausschluß der Öffentlichkeit, dann bedeutet dies einen Freiheitsgrad, den sich die meisten Nationen, soweit sie ihn heute überhaupt besitzen, erst nach dem Zweiten Weltkrieg nach und nach erworben haben. Kein Wunder, daß die Logen zu Versammlungsstätten der Aufklärer und demokratischen Reformer wurden. Dort wurde Demokratie und Freiheit gelebt und erfahren in einer Zeit, in der in Europa der Absolutismus, allenfalls aufgeklärt, herrschte. Aber hier konnte sich natürlich auch eine Geisteshaltung entwickeln, die einer dogmatisch ausgerichteten Glaubensgemeinschaft kritisch gegenübersteht. Und so sind jene Verurteilungen aus dem Zeitgeist heraus verständlich. Heute sind sie überholt, da sie, wie der katholische

Pater Dr. Alois Kehl SVD – ein Kenner der Materie – festgestellt hat, keine sachliche Grundlage mehr haben. Die Feststellung der katholischen Glaubenskongregation in der deutschen Ausgabe des ,,L' Osservatore Romano'' vom 2. 12. 1983, die Gläubigen, die freimaurerischen Vereinigungen angehören, befänden sich ,,*im Stand der schweren Sünde*'' und könnten nicht die heilige Kommunion empfangen, ist für den gläubigen Katholiken, der Freimaurer ist oder werden will, gegenstandslos, da nach katholischem Kirchenrecht eine schwere Sünde ,,*die bewußte und frei gewollte Übertretung eines göttlichen Gebots in einer schwerwiegenden Sache*'' ist, der gläubige katholische Freimaurer aber weiß, daß er und seine Loge einer edlen Sache dienen. Vielmehr ,,*hat jeder Kenner der Freimaurerei die klare Einsicht, daß das Verbot der Zugehörigkeit zu einer Freimaurerloge, die nicht antikirchlich arbeitet – was man zumindest bei der regulären Freimaurerei(7) voraussetzen kann – auf falschen Annahmen beruht, die Mitgliedschaft deshalb objektiv kein schwerer sündhafter Tatbestand ist, somit keine schwere Sünde vorliegt und der Ausschluß vom Empfang der heiligen Kommunion nicht eintritt.*''(8)

Doch zurück zu jenem Wissen über kosmische Zusammenhänge und Geheimnisse der Schöpfung: Welchen praktischen Nutzen hatte für die Baugesellschaften die Bewahrung und Pflege eines solchen Wissens? Hierzu ein Beispiel: Vitruv stellt in seinem zehnbändigen Werk *De Architectura* in einem Kapitel mit der Überschrift *Einrichtung und Ebenmaß der Tempel* eine Analogie der harmonischen Proportionen der Kultstätten zu jenen des menschlichen Körpers her. Nach eingehender Beschreibung der Proportionen des menschlichen Körpers mit Hilfe von mathematischen, ganzzahligen Verhältnissen und geometrischen Figuren (Kreis und Quadrat) sagt er:

„Wenn also die Natur den menschlichen Körper so zusammengesetzt hat, daß seine Glieder in den Proportionen seiner Gesamtgestalt entsprechen, scheinen die Alten mit gutem Recht bestimmt zu haben, daß auch bei der Ausführung von Bauwerken diese ein genaues symmetrisches Maßverhältnis der einzelnen Glieder zur Gesamterscheinung haben."(9)

Man hat bei ägyptischen Tempeln festgestellt, daß sie in der Gestaltung und in den Proportionen des Grundrisses mit dem menschlichen Körper vergleichbar sind.

Im ersten Kapitel seines neunten Buches behandelt Vitruv dann die synodischen Umlaufzeiten der Planeten mit dem Ziel, alles Bauen auf die kosmischen Gegebenheiten auszurichten.

Aus den Aufzeichnungen der synodischen Umlaufbahnen einiger Planeten (dabei nach alter Auffassung auch Sonne und Mond) haben die Menschen bereits in vorgeschichtlicher Zeit geometrischen Figuren hergeleitet. Wie der schweizer Astronom Martin Knapp in seiner 1934 veröffentlichten Schrift *Pentagramma veneris* rekonstruiert hat, handelt es sich dabei um die Figuren Dreieck, Viereck (Quadrat), Pentagramm und Hexagramm, die in der gotischen Bauweise als Schlüsselfiguren eine überragende Rolle spielen. Martin Knapp weist nach, daß auch Keppler um diese Zusammenhänge gewußt haben

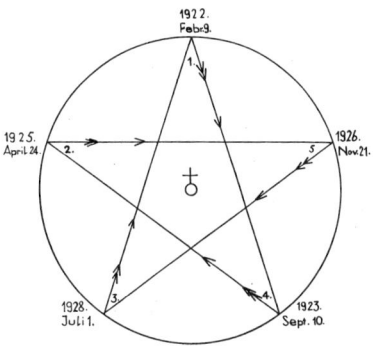

Die von Martin Knapp gewählte obere Konjunktion der Venus mit der Sonne (aus: Knapp 1934)

muß, über die es sonst keine schriftlichen Zeugnisse gibt. Hier sei besonders auf den Goldenen Schnitt hingewiesen, der im Pentagramm enthalten ist und neben vielen anderen Beispielen bereits in den ägyptischen Pyramiden zu finden ist. Das Pentagramm – auch bekannt unter der Bezeichnung Drudenfuß – entsteht aus den Verbindungslinien der jeweils gleichen Konjunktion der Venus mit der Sonne, deren sechste wieder dieselbe Position auf der Ekliptik hat, wie die erste (s. Abb.). Und eben dieses Pentagramm findet sich bereits in steinzeitlichen Höhlenmalereien auf der ganzen Erde.

Man kann diese Zusammenhänge unter anderem aus Bauwerken wie der jungsteinzeitlichen Kultstätte zu Stonehenge rückschließen, deren Grundriß wiederum in vielen Einzelheiten mit dem Oktogon des Aachener Doms übereinstimmt, ja, identisch ist!(10) Beide Bauwerke erlauben astronomische Berechnungen und Voraussagen.

Die angesprochenen geometrischen Schlüsselfiguren wurden schon sehr früh, und besonders wieder in der Gotik, auch im übertragenen, symbolhaften Sinn angewendet.(11) Man denke nur an das Dreieck – oft mit einem Auge im Innern dargestellt, aber auch als Konstruktionsbasis gotischer Kirchen nachgewiesen – als Ausdruck der Dreifaltigkeit. Oder nehmen wir das Pentagramm als Rosensymbol, und als solches der Muttergottes zugeordnet, welches in die großartigen Rosetten vieler Dome Eingang gefunden hat. Solche übertragenen Auslegungen lagen ja auch nahe; waren jene Schlüsselfiguren doch Manifestationen kosmischer Gesetzmäßigkeiten und damit göttlichen Wirkens. Interessanterweise wurde das Pentagramm seit dem 9. Jahrhundert durch die Kirche als heidnisches Zeichen gedeutet und wandelte sich so im Aberglauben des Mittelalters als Drudenfuß zu einem Teufelszeichen und Zeichen der schwarzen Magie. Gleichwohl behielt es seine Bedeutung als architektonische

Schlüsselfigur bei den Dombauten und wurde, oft verschlüsselt, in Verzierungen und Fensterrosen eingebracht. In der Freimaurerei ist es naturgemäß eines der vielen Symbole mit geistiger Aussage (vgl. S. 28) und konnte als solches wiederum beitragen zu Verdächtigungen über gottloses Treiben.

Wir haben gesehen, daß bereits in ältesten kultischen Bauwerken eine esoterische Tradition im pythagoreischen Sinne zu erkennen ist, die von ihrem Wesen her auch in den Dombauhütten des Mittelalters fortbesteht, wie auch immer ihre Weitergabe historisch nachweisbar oder zweifelhaft sein mag. Aus den kosmischen Gesetzmäßigkeiten versuchte der Mensch seit alters die Bauprinzipien des Großen Baumeisters aller Welten zu ergründen und übertrug diese auf die Kultbauten, um die Stätte der Anbetung der Gottheit gemäß zu gestalten. In den Proportionen erkannte Pythagoras das Wirken der Götter und das Wesen der Welt, und die harmonikale Grundforschung unserer Zeit, wie sie an der Hochschule für Musik in Wien betrieben wird, hat auf diesem Gebiet eindrucksvolle und verblüffende Erkenntnisse gewonnen. Auf Einzelheiten kann hier verständlicherweise nicht eingegangen werden. Der Leiter dieses Forschungsprojektes, Rudolf Haase, hat die Ergebnisse u. a. in seinem Buch *Der meßbare Einklang*(12) dokumentiert.

Was tun Freimaurer?

Diese esoterische Tradition stellt die unmittelbare Verbindung her zu einem Brauchtum, das aus vielen Quellen in die Freimaurerei eingeflossen ist und das den Freimaurerbund von anderen Vereinigungen mit ähnlichen ethischen Zielen grundlegend unterscheidet. Es besteht in der Pflege altehrwürdiger Rituale, in welchen mit Hilfe von Symbolen Bereiche der menschlichen Seele angesprochen werden, an die Worte nicht mehr heranreichen. Diese Tätigkeit der Freimaurer soll nun Gegenstand der weiteren Information sein, da die übrigen Unternehmungen sich nicht von solchen anderer Vereine unterscheiden, also die Gästeinformationen, Diskussionsabende, gemeinsame Ausflüge, gesellige Veranstaltungen sowie die durch Vereinsgesetz geforderten Mitgliederversammlungen.

Die Umwandlung der operativen Bauhütten in symbolisch, nämlich am ,,Tempel der Humanität'' arbeitende Logen wurde durch ein Brauchtum gefördert, welches das analoge Denken anregte: der Tempel als Abbild des Kosmos ebenso wie als Abbild des menschlichen Körpers. *,,Wie Makrokosmos, so Mikrokosmos''* heißt eine alte esoterische Weisheit. Dabei hat das Bild vom Menschen als lebendigem Baustein zu diesem Tempel, wie es in der Freimaurerei benutzt wird, ebenfalls älteste Tradition: *,,Auch ihr, als die lebendigen Steine, bauet euch zum geistlichen Hause''* heißt es im ersten Petrusbrief des Neuen Testamentes (Kap. 2, V. 5). Oder: *,,Wisset ihr nicht, daß euer Leib ein Tempel des heiligen Geistes ist?''* (erster Brief des Paulus an die Korinther, Kap. 6, V. 19). Noch älter ist die Quelle aus dem Psalm 118: *,,Der Stein, den die Bauleute verworfen haben, ist zum Eckstein geworden''* (V. 22). Und noch heute hören wir in den rituellen Arbeiten Wechselgespräche wie das folgende:

,,Warum nennen wir uns Freimaurer? – Weil wir als freie Männer an dem Großen Bau arbeiten. – An welchem Bau, mein Bruder? – Wir bauen den Tempel der Humanität. – Welche Bausteine brauchen wir dazu? – Die Steine, deren wir bedürfen, sind die Menschen. – Was ist notwendig, um sie fest miteinander zu verbinden? – Menschenliebe, Toleranz und Brüderlichkeit sind der Mörtel des Tempelbaus.''

In diesen feierlichen Worten wird deutlich, wie sich Symbolik, also das alte Brauchtum einerseits, und ethische Gesinnung andererseits im Ritual miteinander verbinden. Die Forderung nach Vertrauenswürdigkeit durch tugendhaftes Verhalten und Schweigsamkeit, die den Bauhütten ein so hohes Ansehen verschafft hatte, ist in unseren Ritualen an vielen Stellen zu finden. Sie wird überhöht durch das Herausstellen geistiger Entfaltung und Entwicklung einer sittlichen Lebenshaltung als Sinn der rituellen Arbeit.

Solche Ziele sind heute in den freiheitlichen Gesellschaftsordnungen nichts Besonderes mehr, nachdem die Menschenrechte durch maßgebliches Mitwirken von Freimaurern mehr und mehr ausformuliert und durchgesetzt worden sind. Hierher gehören Namen, wie Montesquieu, Lessing, Friedrich der Große, Johann Gottfried Herder, Johann Gottlieb Fichte; fast alle preußischen Reformer waren Freimaurer (u.a. Stein, Hardenberg, Scharnhorst und Gneisenau) sowie ein Großteil der Unterzeichner der Unabhängigkeitserklärung der Vereinigten Staaten von Amerika (Franklin). Humanistische Ziele sind heute zu Forderungen an den Menschen schlechthin geworden. Das Besondere der Freimaurerei ist aber, daß die Verwirklichung dieser ethischen Zielvorstellungen durch *Selbsterziehung,* durch ,,Arbeit am rauhen Stein'' erstrebt wird. Der Steinmetz muß den ihm anvertrauten Stein, der ihn selbst verkörpert, so bearbeiten, daß dieser sich harmonisch einfügt in den großen Bau der Menschlichkeit. Das Wichtigste hierbei ist, daß der Steinmetz erkennt, aus welcher Art von Material dieser Stein besteht und wozu er sich folglich eignet. Die Spanne reicht vom festen Eckstein im Mauerwerk bis zum feinen Zierat, der dem Bau Schönheit und Vollendung verleiht. Nach dieser Erkenntnis richtet sich die Art der Bearbeitung und die Wahl des geeigneten Werkzeugs. Es geht also beim Ziel der freimaurerischen Selbsterziehung nicht um eine Ausrichtung im

Sinne von Gleichmacherei, sondern um die Entfaltung der jeweiligen Persönlichkeit in ihrer spezifischen Eigenart – in ihrem einmaligen Wert.

Mit dem Erkennen der Eigenart des rauhen Steines ist die *Selbsterkenntnis* gemeint als Voraussetzung jeder Selbsterziehung und damit der Persönlichkeitsentfaltung. Das karitative Engagement mancher Freimaurerlogen und einzelner Freimaurer ist kein primäres Ziel dieses Bundes, auch wenn es sich dabei um eine alte Bauhüttentradition handelt. Zur Wohltätigkeit sind andere Organisationen, wie z.B. das Rote Kreuz, besser geeignet. Ein solches Verhalten wird aus der Arbeit am rauhen Stein zwar meist erwachsen, der einzelne Freimaurer aber muß selbst erkennen, wo er seinen Beitrag leisten kann am Tempel der Humanität. Er erhält in dieser Hinsicht keine Auflagen und er wird auch nicht gefragt, was er beigetragen hat. Er ist ein „freier Steinmetz", der für den ihm anvertrauten Stein allein verantwortlich ist. Menschenliebe, *Toleranz(!)* und Brüderlichkeit sind der Mörtel des Tempelbaus.

Keine Auflagen erhält der Bruder Freimaurer für seine Arbeit am rauhen Stein. Eines aber erhält er: Das ist die großartige Hilfestellung im Ritual. Das Ritual ist nachweislich in der Lage, zur Harmonisierung der Persönlichkeit und zur Selbstfindung beizutragen. Das kann jeder Freimaurer aus dem eigenen Erleben bestätigen. Der eine mehr, der andere weniger, je nach der „Beschaffenheit des rauhen Steines". Es gibt Versuche, dies tiefenpsychologisch zu erklären. Aber man kann auch ganz schlicht feststellen, daß die Stille, in die sich eine Gruppe Gleichgesinnter regelmäßig begibt, um eine immer wieder gleich ablaufende Handlung auf sich einwirken zu lassen und sich aktiv daran zu beteiligen, daß diese erhabene Atmosphäre es ermöglicht, die Hektik des Alltags abzustreifen und zu sich selbst zu finden. Dabei erlaubt der bruderschaftliche Rahmen, sich zu öffnen, ohne jene Rolle spielen zu müssen, die das tägliche Leben uns meist aufzwingt. So wird der Freimaurertempel, der eigentlich die Baustelle ist, wo wir uns im Bauen am Tempel der Humanität üben, zu einem ,,templum'' im ursprünglichen Sinne, nämlich zu einem Ort außerhalb der ,,tempus'', der profanen Zeit, an dem wir uns der ,,Kon-templ-ation'' hingeben dürfen, um Kraft zu schöpfen für die Aufgaben des Alltags, Kraft aber und Anregung vor allem für die Arbeit am rauhen Stein, für die Arbeit an unserer eigenen Vervollkommnung.

Wenn wir in jener Stille dann Aufforderungen hören wie diese: *,,Wehret dem Unrecht, wo es sich zeigt, kehrt niemals der Not und dem Elend den Rücken, seid wachsam auf Euch selbst!''* dann mögen uns diese Worte durchaus sensibel machen für unser Wirken im täglichen Leben. Andere symbolische Handlungen wie das feierliche Zusammenfügen von Winkelmaß und Zirkel mögen unseren Geist anregen, bei allem Handeln die möglichen Auswirkungen zu bedenken, so wie das Anlegen des rechten Winkels an den zu behauenden Stein durch den Steinmetzen dem Bauplan des Baumeisters – verkörpert durch den Zirkel – entsprechen muß. Letztlich aber vermag das rituelle Geschehen das Gemüt – die tieferen Schichten menschlicher Erlebensfähigkeit – hinzulenken auf das Geheimnis der Schöpfung und des Lebens in seiner polaren Struktur von Licht und Schatten, von Freude und Leid, von Leben und Tod im ewigen Wechsel – ein Geheimnis, das sich nur im Symbol offenbart und nicht mit Worten wiederzugeben ist. Hier liegt ein Grund für das viel zitierte und ebensoviel mißverstandene freimaurerische Geheimnis, das nicht darin besteht, ein höheres Wissen vor anderen geheimzuhalten. Ein geistig-seelisches Erlebnis läßt sich nicht erschöpfend beschreiben. Man würde dem Uneingeweihten gegenüber wie zu einem Blindgeborenen von Farben sprechen. In diesen Bereichen des Rituals, welche die

Grundfragen des Menschen, jene nach dem Sinn von Leben und Schöpfung, berühren, liegt der Ursprung aller Riten und Mysterien. Hier finden wir diejenige Freimaurerei, von der Lessing sagt, sie war immer.(13)

Nun dürfen diese Darstellungen nicht dahingehend mißverstanden werden, daß dem Ritual etwa magische Kräfte innewohnen, die aus einem Logenmitglied einen besseren Menschen oder einen Erleuchteten machen. Im Zusammenhang mit dem rituellen Erleben ist intensive und wache, nüchterne geistige Arbeit gefordert, wie eben der ganze Mensch aus Körper, Geist und Seele besteht und, will er ausgeglichen sein, alle diese Bereiche pflegen und nähren muß. Deshalb führen wir im Rahmen unserer Versammlungen auch „Werkabende" durch (oder wie immer die einzelnen Logen diese Veranstaltungen nennen), bei denen Vorträge auch über aktuelle Tagesfragen gehalten und eingehend diskutiert werden. Das Ritual aber ist die einzigartige, dem Freimaurerbund eigentümliche Chance zur Selbsterkenntnis und in ihrer Folge zur geistigen Entfaltung und Entwicklung einer sittlichen Lebenshaltung. Das Ritual besteht in den Wegweisern und Signaturen eines Bergpfades. Begehen muß diesen Weg der einzelne Freimaurer selbst. Daß er sich dabei mit allen Brüdern des Erdenrundes in einer Weggemeinschaft befindet, ist tröstlich und kann Kraft spenden. Aber auch hier muß vor Idealisierung gewarnt werden. In einer Wandergruppe kann es auch schwache Gefährten, kann es auch Versager geben. Der einzelne darf sich also in seiner Zielstrebigkeit nicht abhängig machen vom Durchhaltewillen der anderen. Er ist selbst gefordert, andere zu ermutigen. Der Freimaurer hat den 24-zölligen Maßstab (vgl. S. 28) auch nicht an seine Brüder anzulegen, um zu prüfen, wie weit sie schon fortgeschritten sind in der Selbsterkenntnis und wie weit sie seinen eigenen Vorstellungen oder Erfolgen gegenüber noch zurückliegen. Jener Maßstab gilt ausdrücklich als symbolisches Werkzeug des Lehrlings, also desjenigen, der am rauhen Stein zu arbeiten hat: an sich selbst. Hier beginnt die Übung in Toleranz, die zum Mörtel des Tempelbaus gehört.

Letztlich ist das freimaurerische Ritual ein Bauplan, in welchem jeder Stein einer sinnvollen Aufgabe im Großen Bauwerk zugeführt werden kann. Das Ritual ist ein Bauplan des Lebens, der zur Sinnfindung und damit zu einem erfüllten Leben beitragen kann.

Anmerkungen

(1) Auch Blaffert, Blappart, Blaphard: Verschiedene groschenförmige Silbermünzen, benannt nach ihrer matten Färbung (frz. blafard = bleich), bes. die seit dem 14. Jahrhd. in der Schweiz und in Süddeutschland gemünzten Halbgroschen und die norddeutschen brakteatenförmigen Doppelpfennige (nach Brockhaus Enzyklopädie).
(2) Wissel, S. 152
(3) Vitruv: 1. Buch, 1. Kapitel. Hier geht es zunächst um die Forderungen an den Baumeister, dessen Einfluß als Lehrherr und Erzieher seiner Gesellen und Lehrlinge jedoch sehr hoch eingeschätzt werden muß.
(4) Wissel, S. 13, 17 f. und Anhang
(5) Wissel, S. 25
(6) Kranz, S. 35
(7) Zur ,,Regularität'' in der Freimaurerei siehe S. 120
(8) Die Zitate zu dieser Frage sind dem Beitrag von Pater Kehl in dem deutschen Freimaurermagazin ''humanität'' 2/1984 entnommen.
(9) 3. Buch, 1. Kapitel
(10) Erstmals veröffentlicht von Weisweiler
(11) Vgl. u.a. Lehner 1989, S. 130 ff., Stöber und v. Simson im gesamten Werk sowie Kelsch
(12) Ernst Klett Verlag Stuttgart 1976
(13) In: Ernst und Falk

Literatur

Kehl, Dr. Alois, Pater SVD: Deutelei auf Anfrage. In: humanität 2/84, S. 10 ff.
Kelsch, Wolfgang: Betrachtungen zum gleichseitigen Dreieck. In: humanität 7/89, S. 10 ff.
Knapp, Martin, Dr.: Pentagramma veneris. In Kommission bei Helbing & Lichtenhahn Basel 1934
Kranz, Walther: Die griechische Philosophie. München dtv 1971
Lehner, Alfried: ,,Sagt es niemand . . .". Hohenloher Druck- und Verlagshaus Gerabronn 1989
Lessing, Gotthold Ephraim: Ernst und Falk. Gespräche für Freimäurer. In: Waldemar Olshausen (Hrsg): Werke. Goldene Klassiker-Bibliothek. Deutsches Verlagshaus Bong & Co. Berlin – Leipzig – Wien – Stuttgart (o. J.)
Simson, Otto von: Die gotische Kathedrale. Wiss. Buchgesellschaft Darmstadt 1982
Stöber, Otto: Drudenfuß-Monographie. Stadtverlag Neydharting 1981
Vitruv: Zehn Bücher über Architektur (lat./dt.). Wiss. Buchgesellschaft, Darmstadt 1987
Weisweiler, Hermann / Gesine von Leers: Kaiser Karls Kalender. In: Plus 14/1981
Wissel, Rudolf: Der alten Steinmetzen Recht und Gewohnheiten. Verlag: Zentralverband der Steinarbeiter Deutschlands. Leipzig 1927

Weiterführende Literatur

Hinweis: Das hier jeweils angegebene Erscheinungsjahr entspricht den Ausgaben in meiner Privatbibliothek. In vielen Fällen gibt es jüngere Neuauflagen. Alle hier aufgeführten Werke (auch vergriffene) können auch über den Bauhütten Verlag in Münster bezogen werden.
Appel, Rolf und Jens Oberheide (Hrsg.): Freiheit Gleichheit Brüderlichkeit. Deutschsprachige Dichter und Denker zur Freimaurerei. Akademische Druck- und Verlagsanstalt Graz 1986
Appel, Rolf: Die großen Leitideen der Freimaurerei. Bauhütten Verlag 1986
Dierickx, Michel S.J.: Freimaurerei – Die große Unbekannte. Bauhütten Verlag 1975
Fichte, Johann Gottlieb: Philosophie eines Freimaurers. Briefe an Konstant. Bauhütten Verlag 1978

Höchsmann, Gerd W.: *Kristall und Wüstensand*. Verlag Dr. Grüb Nachfahren. Freiburg 1989
Holtorf, Jürgen: *Die verschwiegene Bruderschaft*. Wilhelm Heine Verlag München 1983
Knoop, Douglas and Jones, G. P.: *The Genesis of Freemasonry* Q.C. Correspondence Circle Ltd. London 1978
Lennhoff, Eugen Posner, Oskar: *Internationales Freimaurer-Lexikon*. Wien 1932. Nachdruck Amalthesa-Verlag Wien/München 1975
Lorenz, Paul: *Freimaurerei – gewaltlose Revolution im Spannungsfeld zwischen Exoterik und Esoterik*. Willi Schlichter Atelierverlag Stuttgart 1990

Arbeitstafel (Teppich) der Großloge der Alten Freien und Angenommenen Maurer von Deutschland

Bauplan des Lebens

*Du also sollst den Weg mir weisen
von West nach Osten, hin zum Licht.
Ich steh vor dir nach meinen Reisen
und ahn den Sinn; versteh noch nicht,
daß deine Zeichen mir verkünden,
des Lebens Bauplan hier zu finden.*

*In Wort und Schrift fand ich allein
bisher des Wissens Quelle.
Dring ich in höhere Wahrheit ein,
tritt das Symbol an diese Stelle.*

*Das Rechteck, durchbrochen an jenen Seiten,
die hin zum Sonnenlaufe deuten,
soll Salomonis Tempel sein.
In ihm erkennen wir die Welt,
die unser Lichtgestirn erhellt.
Doch schließen wir in beides ein,
was wir den Menschheitstempel nennen;
uns selbst als Baustein drin erkennen.
Und weil im Großen alles Kleine
als Mikrokosmos angelegt,
wird auch der Ort, der für die Steine
des Großen Baus das Handwerk pflegt,
die Bauhütte, so dargestellt:
als Rechteck, eine kleine Welt.*

*Zwei Säulen durchschreitend, trete ich ein.
Sie stehn für die Spannung in allem Sein:
für aktiv- und passives Weltprinzip
von Zeugen, Empfangen als schaffenden Trieb.
Das Stirb und Werde deuten beredt
sie als Schöpfungsgesetz der Polarität.*

Nun liegt das musivische Pflaster vor mir.
Vom Meßgrund der Steinmetzen wurde es hier
in weiser Deutung zum Symbol
des Weges, den ich wandeln soll.
Der Wechsel von hellem und dunklem Gestein
soll Gleichnis des menschlichen Schicksals sein.
Auch die Ordnung der Steine hat ihren Sinn:
Sie weist mich auf höhere Ordnung hin,
in welcher die hellen und dunklen Stunden
auf rechte Weise sind eingebunden.

Drei Stufen(*) fordern am Ende mich auf,
nicht fort nur zu schreiten, sondern hinauf.

Ein Werkzeugraum schließt sich sodann
als Hilfe für mein Handeln an:

Den Spitzhammer klug und geschickt zu führen,
vermag des Lehrlings Kunst zu zieren.
Die Ecken und Kanten am rauhen Stein
wollen maßvoll und eigen geglättet sein;
denn Stein ist nicht gleich Mauerstein,
kann Eckstein, kann Verzierung sein.

Der Fortgeschrittene, der Geselle,
gebraucht als Werkzeug dann die Kelle.
Verbinden soll sie Stein für Stein,
und Menschenlieb soll Mörtel sein.
Auch soll sie alle Zwietracht glätten,
den Tempelbau vor Schaden retten.

(*) Die auf der Abbildung sichtbaren sieben Stufen stellen eine symbolische Variante dar.

*Das Senkblei und die Winkelwaage
sind's nun, nach deren Sinn ich frage.
Die Aufseher prüfen mit diesem Gerät,
ob Senkrecht auf Waagerecht dauerhaft steht.
Den Werkzeugraum beherrschen zwei
der großen Lichter der Maurerei:
Das Winkelmaß verkörpert mir
des Menschen zeitliches Bauen hier.
Der Zirkel lenkt des Maurers Sinn
auf göttliches, ewiges Bauen hin.
Vereinigt bedeuten die Lichter sodann
das irdische Bauen nach göttlichem Plan.*

*Ich hebe die Augen, um weiterzuschreiten,
da sehe ich Quasten auf beiden Seiten:
die Enden einer Knotenschnur.
Sie locken mich auf neue Spur:
zur Transzendenz, zu jenem Andern,
dem alle wir entgegenwandern.
Als Knoten lassen Lemniskaten
Unendlichkeiten dort erraten.
Unendlich sei denn auch gespannt
der Bruderkette Vereinigungsband.*

*Wenn ich nun weiterwandern soll,
muß ich ein Hemmnis überschreiten:
den Stab von vierundzwanzig Zoll,
der mich als Mahnung soll begleiten,
daß ich die Stunden meiner Tage
mit Weisheit einzuteilen wage.
Der Weg hinein in die geistige Welt
ist mir durch diesen Stab verstellt.
Durch Arbeit nur am rauhen Stein
kann einst er mir geöffnet sein.*

Ein Blick doch hinüber ist mir vergönnt,
wo flammendes Licht am Sternenzelt brennt.
Die Sonne, Symbol der zeugenden Kraft,
die alles Leben erhält und schafft.
Der Mond gegenüber empfängt das Licht,
was weiblichem Prinzip entspricht.

Sind beide Gestirne, hier vereint,
als Urgeheimnis der Schöpfung gemeint,
und ist als Ausdruck für dieses Geschehen
vielleicht der flammende Stern zu sehen?
Das Pentagramm – uraltes Symbol –
enthüllt sein Geheimnis nur jenen wohl,
die Stufe um Stufe zur Weisheit streben,
die Stärke der königlichen Kunst erleben,
der Kunst, die die Seele zur Schönheit bereitet
und immer aufs neue zum Lichte geleitet.

WEGE UND ZIELE DER FREIMAUREREI

Wenn ein Außenstehender die Freimaurerei aufmerksam beobachtet, ohne zusätzliche Informationen einzuholen, so kann er ihre Ziele vielleicht wie folgt formulieren: Die Freimaurer unterhalten über die Staatsgrenzen hinweg eine bruderschaftliche Verbindung und üben Wohltätigkeit. Das ist das Äußere, was man von der Freimaurerei sieht. Es gibt Logenhäuser in aller Welt, da und dort ist ein Krankenwagen im Einsatz mit der Aufschrift ,,gestiftet von der Freimaurerloge N.N.", einem Bürgermeister wird anläßlich einer Jubiläumsfeier ein Scheck für wohltätige Zwecke überreicht.

Diese Zielsetzung allein wäre durchaus ein löbliches Unterfangen, wenngleich zum Üben der Wohltätigkeit andere Organisationen geeigneter sind als eine Freimaurerloge, weil sie sich auf dieses Ziel spezialisiert haben. Sicherlich braucht das Freimaurerische Hilfswerk einen Vergleich mit solchen Organisationen nicht zu scheuen; aber dieses ist eben bereits ein spezieller Bereich der Freimaurerei, der keineswegs ihre Ziele erschöpfend abdeckt.

Wir wollen diese Ziele nun aufsuchen über diejenigen Wege, welche die Freimaurerei dorthin gewählt hat. Beginnen wir mit dem Eingetragenen Verein ,,Freimaurerloge": Da trifft man sich in der Regel einmal wöchentlich — zuweilen auch mit Damen und Gästen — zu Vortrags- und Diskussions- oder kulturellen Abenden, um den eigenen Horizont zu erweitern, Standpunkte zu gewinnen oder sich zu bilden. Da gibt es gesellige Veranstaltungen, Feiern und Ausflüge, je nach dem Geschmack der einzelnen Loge, um das Zusammengehörigkeitsgefühl zu pflegen. Mindestens einmal im Jahr findet die durch Vereinsrecht vorgeschriebene Mitgliederversammlung statt, in der ggf. die Wahlen für die Logenführung und -verwaltung abgehalten werden; denn, sollen die Wege gangbar sein, müssen sie gewartet werden. Und hierzu bedarf es beauftragter Personen. Bei diesen Wegen brauchen wir uns nicht lange aufzuhalten. Wir kennen sie von anderen Vereinen. Sie sind notwendig und gut.

Aber da gibt es noch einen anderen Weg, der sich grundlegend von jenen unterscheidet. Er ist gewissermaßen die Hauptstraße der Freimaurerei. Das Besondere an ihm ist zunächst, daß er im Verborgenen verläuft, d.h. von außen nicht einsehbar ist. Es ist der Weg der rituellen Arbeiten, welche die Freimaurer auch Tempelarbeiten nennen.

Daß hier der Begriff ,,Tempel'' gebraucht wird, beruht auf einer Tradition der Dombauhütten des Mittelalters, die den ersten Tempel Salomons in Jerusalem als das ideale Bauwerk ansahen, dem alles spätere Bauen sich im geistigen Sinne anzunähern habe. Die Freimaurerlogen als Nachfolgerinnen der Dombauhütten setzen dieses Bauen nun, wie wir schon hörten, in symbolischer Form fort: Sie wollen einen Bau errichten, den sie den Tempel der Humanität nennen. Wenn die Freimaurer also zur Arbeit in ihren Tempel gehen, so meinen sie damit: sie gehen auf die Baustelle. Der Tempel ist das im Bau befindliche Gebäude. Wir erinnern uns an das Wechselgespräch im Ritual:

,,Wir bauen den Tempel der Humanität [...] Die Steine, derer wir bedürfen, sind die Menschen [...] Menschenliebe, Toleranz und Brüderlichkeit sind der Mörtel des Tempelbaus.''

Eine solche Übertragung praktischer, zweckgerichteter Handlungen in das Geistige ist keine spezifisch freimaurerische Angelegenheit. Sie ist dem Menschen eigen, wo immer er in Gleichnissen oder Bildern spricht. Die Freimaurerei hat jedoch in dieser Form, in Symbolik und Ritual, den Schwerpunkt ihrer Arbeitsmethode gefunden.

Ein weiteres Beispiel aus dem freimaurerischen Ritual soll diese Zusammenhänge verdeutlichen: Das am häufigsten verwendete Kennzeichen der Freimaurerei ist ein senkrecht stehender, nach unten geöffneter Zirkel, der mit einem nach oben geöffneten Winkelmaß verbunden ist. Wir finden dieses Zeichen an den Anstecknadeln der Freimaurer, an Logenhäusern und auf vielen Gegenständen und Erinnerungsstücken, die auf die Freimaurerei hinweisen sollen. Die gleiche Anordnung von Winkelmaß und Zirkel wird bereits in alten Zunftwappen verwendet.

Zu Beginn jeder rituellen Arbeit fügt der Meister vom Stuhl Winkelmaß und Zirkel in feierlicher Form in die beschriebene Position zusammen. In dieser Handlung liegt eine Fülle von Deutungsmöglichkeiten, die zur Richtschnur für ein ganzes Menschenleben werden können, wenn man fähig ist, Symbole und Rituale zu empfinden.

Im folgenden soll einmal das ganze Spektrum der Reflexionsmöglichkeiten mit diesen beiden Symbolen erarbeitet werden, um einen Eindruck zu vermitteln, zu welchen Gedanken – und auch Verhaltensweisen – freimaurerische Arbeit anregen kann. Wir verfehlen also unser Thema nicht, wenn wir nun Gedanken ausbreiten, die vom Umweltschutz über parlamentarische Arbeit bis hin zur mittelalterlichen Mystik und weiter zurück in alte Mythen reichen.

Betrachten wir zunächst die beiden Symbole in ihrer Bedeutung als Werkzeuge für den Hausbau. Der *Zirkel* gehört dann in die Hand des *geistigen* Arbeiters, des Architekten. In Übereinstimmung mit den Gesetzen der Mathematik – hier vor allem der Geometrie und der Statik – entwirft er den Bau auf dem Reißbrett. Das *Winkelmaß* wird vom Steinmetzen bedient. Er bearbeitet mit der Kraft und Geschicklichkeit seiner *Hände* die *Materie* und legt den rechten Winkel an; denn nur der rechtwinklige Stein taugt zum Mauerwerk. Entscheidend für das erfolgreiche Aufrichten des

Baus ist, daß Steinmetz und Bauarbeiter sich getreulich an die Entwürfe des Baumeisters halten. Jede Abweichung macht die konzipierte Ganzheit des Baus zunichte und kann zum Einsturz des Gebäudes führen.

Hier wird deutlich, wie sinnvoll das Zusammenfügen von Winkelmaß und Zirkel ist: Nur wenn die Durchführung dem geistigen Konzept entspricht, und das Konzept die höheren Gesetzmäßigkeiten – die Naturgesetze – beachtet, kann das Werk gelingen. In ihm werden Naturgesetz, Planung und Ausführung zu einem Ganzen, wie es unser Symbolpaar versinnbildlicht.

An diesem ganz praktischen Beispiel läßt sich die alte esoterische Weisheit ,,Wie oben, so unten'' nachvollziehen, die uns in der ,,Tabula smaragdina des Hermes Trismegistos'' überliefert ist.(1) Und damit sind wir bereits aus dem vordergründig materiellen Bereich zur geistigen und transzendenten Symbolaussage übergegangen: Die Schöpfung dieser Welt kann verstanden werden als grandioses Bauwerk des Großen Baumeisters aller Welten. In seinem Zirkelschlag bewegt sich alles, was lebt; rotieren Galaxien um ihre Zentren, kreisen Planeten um ihre Sonnen, zirkulieren Elektronen um ihren Atomkern. – Wie Makrokosmos, so Mikrokosmos; wie oben, so unten . . .

Daß die Übertragung der Werkzeuge Winkelmaß und Zirkel in geistige Symbole schon lange vor der Historie der Freimaurerei vollzogen wurde, beweist eine chinesische Steinabreibung aus der Zeit der Han-Dynastien (206 v. Chr. – 220 n. Chr.). Auf einer Grabplatte erscheinen der mythische Urkaiser Fu-hi mit dem Winkelmaß und seine Schwester (oder Frau) Nü-kua mit dem Zirkel.(2) Der Völkerkundler Hans Nevermann schreibt dazu:

> ,,[Die beiden] galten als Wiederhersteller der alten guten Ordnung der Welt, und das vollbrachten sie mit Winkel-

maß und Zirkel. [...] Nach chinesischer Auffassung ist die Erde quadratisch – daher das Winkelmaß des Fu-hi – und der Himmel rund – daher der Zirkel der Nü-kua. [...] Es heißt, daß sie Himmel und Erde wieder in Ordnung brachten."(3)

Die Zuordnung des Zirkels zum Himmel und des Winkelmaßes zur Erde stellt die unmittelbare Verbindung zu einer der freimaurerischen Auslegungsmöglichkeiten dieses Symbolpaares her: Der kosmische Zirkelschlag des Großen Baumeisters aller Welten und das irdische Maßanlegen des Freimaurers.

Die Symbolik des mythischen chinesischen Kaiserpaares ist aber noch unfassender: Himmel und Erde brachten sie wieder in Ordnung. – Aus dem wohl ältesten Buch der Menschheitsgeschichte, dem chinesischen *I Ging,* dem ,,Buch der Wandlungen'', wissen wir, daß in jenem Kulturkreis wie auch in vielen anderen Mythen des ganzen Erdkreises der Himmel als Symbol des männlichen, des zeugenden Prinzips galt, während die Urmutter Erde als weibliches, d.h. empfangendes und gebärendes Prinzip angesehen wurde.(4) Auf der erwähnten chinesischen Grabplatte trägt der Mann das irdische, also weibliche Winkelmaß, während die Frau den zum Himmel gehörenden, d.h. männlichen Zirkel hält. Dieses Prinzip der polaren Zuordnung von Symbolen ist in vielen Mysterien und Weisheitslehren zu finden. Die alchemistische Literatur mit ihren Bildern ist hierfür eine unerschöpfliche Quelle.(5)

Diese Praxis geht auf das Mysterienwissen zurück, daß alles Leben dieser Welt aus polarer Spannung hervorgegangen ist und sich (im großen und ganzen) nur in der Polarität der Geschlechter fortpflanzt. Heute kann man dieses Wissen aus jedem Lexikon beziehen. Aber es gab in der Geschichte der Menschheit immer wieder Epochen, in denen das offene Gespräch über Erkenntnisse zum Feuertod führte, wenn diese der vorgeschriebenen Meinung widersprachen. Vielleicht darf man die Mysterien in diesem Zusammenhang als die frühesten Keimzellen der Aufklärung bezeichnen. Nicht von ungefähr ist die Freimaurerei so eng mit der Aufklärung des 17. und 18. Jahrhunderts verbunden.

Doch zurück zur Polarität als Grundgesetz der Schöpfung: Nicht nur das Leben, auch die viel ältere Materie trägt dieses Gesetz in sich. In der Drehung der Galaxien um ihre Zentren und der Planeten um ihre Sonnen wirken Zentrifugal- und Zentripedalkräfte so gegen- oder miteinander, daß die uns bekannte kosmische Harmonie über astronomische Epochen erhalten bleibt. Man könnte sogar in der Theorie der Pulsation des Alls polare Kräfte erkennen. Unser Planet Erde trägt mit vielen anderen Gestirnen seine eigene Polarität in sich. Seine Pole stehen durch magnetische Feldlinien, durch energetische Kraft miteinander in Beziehung, und dieses Prinzip von Anziehung und Abstoßung, von Pol und Gegenpol sowie vom Ausgleich der Kräfte durch Rotation finden wir wieder im Mikrokosmos der Atome.

Die Anziehungskraft der Materie verrät uns etwas vom Geheimnis der polaren Spannung.

Im organischen Bereich führt diese zur Vereinigung der Geschlechter, zur Fusion männlicher und weiblicher Samen- und Eizellen. Diese Fusion löst einen Prozeß aus, den wir als Zellteilung bezeichnen, und nur dadurch entsteht Wachstum und Vermehrung, also neues Leben. Der Kern der befruchteten Zelle teilt sich. Seine beiden Hälften bilden zusammen mit den geteilten Erbträgern – den Chromosomen – zwei entgegengesetzte Pole in der Zelle, so daß nach deren Teilung zwei gleiche ,,Lebewesen'' vorhanden sind.

Es können an dieser Stelle nicht annähernd alle Bereiche der Schöpfung aufgeführt werden, in denen sich das Polaritätsgesetz als schöpferisches Prinzip offenbart.(6) Nur einige

Begriffspaare sollen dieses Urgesetz verdeutlichen. Sie lassen erkennen, daß der eine Pol ohne den anderen nicht denkbar ist, daß sie einander bedingen und ergänzen:

Da ist das Gegensatzpaar *Ich – Du,* welches zeigt, daß wir Menschen ständig mit dieser Polarität leben müssen. Ohne sie gäbe es keine Welt. Dann gäbe es entweder nur das Ich oder nur das Du. Beides ist nicht vorstellbar. Das Ich-Du-Verhältnis überhöht sich in der *Polarität der Geschlechter,* im männlichen und weiblichen Prinzip. Es beinhaltet auch die Polarität des Ortes, da ich immer ein Gegenüber habe. Wir können nur *rechts* feststellen, wenn wir *links* als Gegenpol kennen. Das gleiche gilt für die Pole *oben und unten, heiß und kalt, Freude und Leid.* Wir können nur Freude als etwas Eigenständiges empfinden, weil wir von Leid wissen.

Die Polarität von *Wachen und Schlafen* erhält unser Leben. Sie ist das Geschwister des großen Gegensatzpaares *Leben und Tod.* Auch dabei ist ein Pol ohne den anderen nicht denkbar. Ohne Leben kein Tod, das leuchtet ein; aber wir wissen längst, daß auch der Tod eine Voraussetzung für die Entfaltung des Lebens auf der Erde ist; nicht nur, weil ohne ihn sich das Leben durch Übervölkerung ad absurdum führen würde, sondern weil der Verwesungsvorgang in Tier- und Pflanzenreich die Hauptrolle in der Kohlendioxyd-Produktion spielt, die wiederum Voraussetzung für alles pflanzliche Leben ist, dem wir Lungenatmer unsere Lebensbedingungen verdanken.

Das Gegensatzpaar *Licht und Schatten,* ein Naturgesetz, gilt in vielen Sprachen als Metapher für Freude und Leid, für Vor- und Nachteil. Der Sprachgebrauch läßt hier besonders deutlich das unbewußte Wissen des Menschen um die allumfassende Polarität dieser Schöpfung erkennen.

Aber auch *Natur und Kultur* stehen in einem polaren Verhältnis zueinander. Alle Kultur bedarf der Natur. Das ist offensichtlich. Aber die Natur bedarf zu ihrer Erhaltung einer Kultur, die sie als Nährmutter anerkennt; eine partnerschaftliche Beziehung, die auf die Wesenheit des anderen eingeht.

Im Bereich der Wirtschaft kennen wir die Polarität von *Kapital und Arbeit*. Ohne Arbeit kann kein Kapital entstehen; aber wo kein Kapital vorhanden ist, können keine Arbeitsplätze geschaffen werden. Also auch hier gegenseitige Bedingtheit. Das gleiche gilt selbstverständlich für die Pole *Arbeitgeber und Arbeitnehmer*.

Im politischen Bereich ergänzen *Regierung und Opposition* einander im fruchtbaren Dialog. Jede Alleinherrschaft trägt den Keim der Starrheit in sich. Die sozialen Strukturen aller Geselschaftssysteme sind den Gesetzen der Polarität unterworfen, ob die Herrschenden dies wahrhaben wollen oder nicht.

Dieses Prinzip der polaren Gegensätze läßt sich fortsetzen bis zur Polarität von *Mikrokosmos und Makrokosmos*. Jeder Begriff, jede Empfindung, alles Sein hat seine polare Entsprechung in dieser Welt. Die moderne Physik hat erkannt, daß aller *Materie* eine *Antimaterie* entgegensteht. Und die Materie selbst existiert nur auf Grund der polaren Spannung der Atome, weil hierdurch ihre Vereinigung zu Molekülen möglich wird.

In der Psychologie hat man schon lange die polare Struktur des Ichs erkannt. Man spricht vom *Selbst* oder vom *Über-Ich,* das dem *Ich* gegenübersteht. Auch der laienhafte Sprachgebrauch kennt diese Struktur, wenn er Ausdrücke, wie ,,in sich zerstritten sein'' oder ,,mit sich selbst ins reine kommen'', ,,innere Harmonie'' u.ä. verwendet.(7) Interessant ist auch der von C. G. Jung herausgestellte psychische Gegenpol in uns, den er mit *,,animus''* bzw. *,,anima''* bezeichnet. Bei Thorwald Dethlefsen erscheint sogar der Begriff der *,,Dualseele''*.(8)

Polarität ist das Geheimnis der Schöpfung, ist das Bauprinzip des Großen Baumeisters aller Welten.

Wenn man das Polaritätsgesetz als Urprinzip der Schöpfung zu erkennen beginnt sowie die unerschöpfliche Vielfalt seiner Einflüsse auf das Leben des einzelnen, auf sein Verhältnis zu seiner natürlichen und sozialen Umwelt und auf das Zusammenleben der Völker, dann wird einem die fundamentale Bedeutung des kultischen Zusammenfügens von Winkelmaß und Zirkel in den rituellen Arbeiten der Freimaurer bewußt.

Jene Handlung wird dann zunächst eine Aussage über das Symbolische schlechthin: Das „Symbolon" in seiner ursprünglichen Bedeutung — Zusammenfügen zweier Teile eines Ganzen — wird bei der Öffnungshandlung jeder Loge sichtbar gemacht; ein Hinweis auf den hohen Stellenwert der Symbolik für die Freimaurerei.

Hier sei eine kurze Erläuterung über die Entstehung des Symbolbegriffs eingefügt: Im antiken Griechenland war es Brauch, daß zwei Fremde, die Gastfreundschaft miteinander geschlossen hatten, beim Abschied eine Holztafel, eine Schale oder einen anderen geeigneten Gegenstand in zwei unregelmäßig geschnittene Hälften teilten. Die eine Hälfte erhielt der Scheidende, die andere behielt der Gastgeber bei sich. Kam dann später jener Gastfreund oder ein Mitglied seiner Familie in die Stadt, in der ihm die Gastfreundschaft zuteil geworden war, so zeigte man das einst erhaltene Teilstück vor, das dann genau mit demjenigen zusammenpaßte, das der Gastgeber behalten hatte. Waren es nun die beiden Gastfreunde selbst, die ihre Tafelteile feierlich zusammenfügten, so war diese Handlung rational unnötig. Sie kannten sich ja. Und doch wurde ihnen durch dieses Ritual ihre alte Freundschaft seelisch ergreifend bewußt. Das Symbolon war zu dem geworden, was wir heute darunter verstehen.

Kehren wir zurück zu Winkelmaß und Zirkel: Wenn man die bisher entwickelten Gedankengänge konsequent weiterdenkt, so verkörpert dieses Symbolpaar die Teilstücke der ursprünglichen, der vorpolaren All-Einheit, deren Wiederherstellung Philosophie und Theologie da und dort als Ziel der Schöpfung auffassen. Das feierliche Zusammenfügen der beiden Symbole bedeutet also letztlich die Vereinigung der Urpolarität, des Urpaares Oben und Unten, Himmel und Erde, des männlichen und weiblichen Prinzips, oder von Geist und Materie. Im letzteren Begriff steckt ja das lateinische Wort ,,mater = Mutter'', also das Weibliche. Das erste Götterpaar der griechischen Mythologie waren Uranos und Gaia – Himmel und Erde. Aus ihrer Vereinigung erst ging das Göttergeschlecht der Titanen hervor. Zahllose Theogonien und Schöpfungsmythen der Menschheit wissen von ähnlichem Geschehen zu berichten. Aus der Vereinigung der Gegensätze, des Oben mit dem Unten werden Götter und Welten erschaffen. Und diesen Charakter trägt die gesamte Schöpfung.

In jeder rituellen Arbeit der Freimaurer wird diese Urzeugung wiederholt. Der ,,Hieros gamos'' findet statt, die heilige Hochzeit. Die freimaurerischen Tempelarbeiten begehen das, was Mysterien und Riten seit ältesten Zeiten begingen: sie wiederholen den Schöpfungsakt. Hierin liegt ihre tiefste und ergreifendste Bedeutung. Wer diesen Zusammenhängen zu folgen bereit ist, versteht auch, daß derjenige, der solcher Empfindungen fähig ist, das feierliche Zusammenfügen von Winkelmaß und Zirkel sogar als Unio mystica, als mystische Vereinigung der Seele mit Gott erleben kann, wie es die Mystiker verstanden. Dieses aber ist allein demjenigen vorbehalten, der jene Handlung erlebt und mit ihr reflektiert. Symbole können höchst unterschiedlich erlebt werden. Das liegt an ihrem ganzheitlichen Wesen. Dadurch können sie aber jedem einzelnen in seiner individuellen Persönlichkeitsstruktur gerecht werden. Symbole fordern keine bestimmte Weltanschauung. Sie vermitteln der Seele Wahrheiten, die nicht an Weltanschauungen gebunden sind. Das macht ihren Reiz aus und den Reiz einer Gemeinschaft, die sich der Symbole bedient.

Aus dem kultischen Erleben der Polarität als Urprinzip der Schöpfung und der Harmonisierung jener Pole ergibt sich nun wie von selbst die Forderung, die Gegensätze dieser Welt nicht mehr dualistisch aufzufassen, sondern ihre polare Entsprechung zu erkennen. Es gilt, selbst den ersten Schritt zu tun vom Dualismus zur Polarität, von Feindschaft zur polaren Partnerschaft, von revolutionärer Zerstörung zu evolutionärer Fortentwicklung. Hier entwickelt sich also eines der freimaurerischen *Ziele:* Eine Erkenntnis, die aus dem rituellen Erleben gewonnen wurde, wandelt sich um zu einer entsprechenden Verhaltensweise. Wir würden uns ja sonst Naturgesetzen entgegenstellen. Und dabei müßten wir unterliegen, wie die Geschichte der Menschheit immer wieder beweist. Dem bewußten Einordnen in die kosmischen Gesetzmäßigkeiten verleihen die Freimaurer u.a. dadurch symbolischen Ausdruck, daß sie sich im Tempel mit dem Sonnenlauf bewegen. Das Umschreiten der Mitte ist ein Brauch, der aus ältesten Riten bekannt ist.

Harmonisierung der Verhältnisse der Gegenpole sehen die Freimaurer als eine ihrer Aufgaben an. Sie beginnt im Innern des einzelnen mit dem Prozeß der Individuation, der Selbstfindung. Die delphische Aufforderung *„erkenne dich selbst!"* ist das erste Ziel freimaurerischen Arbeitens. Alle weiteren ergeben sich daraus.

Man könnte als nächstes Ziel die Harmonisierung von Körper und Geist sowie von Ratio und Gemüt sehen, also die Voraussetzungen für einen ausgeglichenen, einen ganzheitlich entwickelten Menschen. Ein Weg dorthin ist die Harmonisierung der Gegenpole Esoterik und Exoterik, oder, mit der alten Mönchsregel gesprochen, des *„ora et labora"*, der vita contemplativa und der vita activa, also der kontemplativen Innenschau einerseits und des praktischen Zupackens andererseits. Erst danach ist die Ansteuerung des nächsten Ziels sinnvoll: nämlich das polare Angehen aller Meinungsverschiedenheiten im eigenen Wirkungs- und Einflußbereich. Diese Übung macht uns erst tauglich, vollwertige Staats-*Bürger* einer Demokratie zu sein, die für den Bestand ihres Gemeinwesens bürgen durch polares Austragen parteipolitischer und anderer Interessengegensätze. Die verfassungsmäßige Struktur demokratischer Parlamente ist polar; die parlamentarische Praxis häufig dualistisch, d.h. feindselig. Wie soll aus derartigen Gepflogenheiten Fortschritt entstehen können, der naturgesetzlich aus polarer Gegensätzlichkeit erwächst? Ein gleiches gilt für die Tarifkonflikte als Folge der Polarität von Kapital und Arbeit; und wo immer im sozialen Gefüge Gegensatzpaare auftreten, fordern Winkelmaß und Zirkel den Freimaurer dazu auf, diese als polare Entsprechungen zu erkennen und in Übereinstimmung zu bringen.

So in dem aktuellen Gegensatzpaar Natur und Kultur. Das Wort „Kultur" in seiner ursprünglichen Bedeutung „cultura" auch als Ackerbau (lat.: agricultura) verstanden, kündet von der lebensspendenden Funktion der Natur. Alle Geschöpfe leben aus ihr. Der Tisch war ursprünglich reich gedeckt und könnte dies vielleicht auch heute noch sein. Vieles deutet doch darauf hin, daß der Hunger in der Welt letztlich auf menschliches Versagen zurückzuführen ist. Und in unseren Landen machte das unersättliche Gewinnstreben der „Krone der Schöpfung" aus dem Ackerbau ein landwirtschaftliches Fließband. Die Natur wird zur Produktionsmaschine degradiert, welche betankt wird mit chemischen Putschmitteln. Sie wird wie ein Sklave bis zur Erschöpfung ausgebeutet. Ob Flurbereinigung oder Flußbegradigung, ob Erdölgewinnung oder Kohlebergbau — entscheidend ist meist nicht der Bedarf oder gar die Harmonie des ökologischen Gleichgewichts, sondern die sogenannte Gewinnmaximierung der Unternehmen. Der katastrophale Artenrückgang in Flora und Fauna spricht eine deutliche Sprache: Der dualistische Gegensatz kann nur zu Rückschritt und Verarmung führen, während Gegensatzpaare unter der Gesetzmäßigkeit der Polarität Fruchtbarkeit und Fortschritt bedeuten. Dort, wo wir Menschen in Unkenntnis der vielschichtigen Zusammenhänge — sagen wir hier besser: Zusammenklänge — der Urharmonie, in unsere Umwelt eingreifen, entsteht Disharmonie und Lebensfeindlichkeit. Unsere Umweltprobleme sind entstanden, weil das Winkelmaß menschlichen Handelns nicht mit dem Zirkelschlag des Baumeisters der Natur zur Deckung gebracht wird. Aus dem Sich-Ernähren aus der Natur wird Ausbeutung derselben, aus dem Wohnen in der Natur wird Zersiedelung und Verbetonierung der Landschaft.

Das heilsame Medikament wird zum Gift, wenn Winkelmaß und Zirkel nicht übereinstimmen; aus Essen und Trinken — zum Aufbau des Leibes bestimmt — werden Völlerei und Alkoholismus mit ihrer zerstörerischen Wirkung.

Auch im Miteinander der Völker und Staaten gilt es, dem Polaritätsgesetz zu folgen. Welch ein Segen wäre es für die Menschheit, wenn die verantwortlichen Staatsmänner und ihre Berater Polaritätsdenker wären. Aus Abschreckungspolitik würde ein friedlicher Wettstreit der Systeme... Doch geben wir uns keinen Illusionen hin. Dies muß ein Wunschtraum bleiben, solange der polare Umgang mit Winkelmaß und Zirkel nicht von der Mehrheit aller Menschen beherrscht und gewollt wird. Das Erziehungsziel in den Freimaurerlogen hat also noch auf unabsehbare Zeit ein weites Betätigungsfeld.

An dieser Stelle muß allerdings vor einem weit verbreiteten Irrtum gewarnt werden: Die Harmonisierung polarer Gegensätze bedeutet keine Vermischung derselben. Zwei entgegengesetzte Pole lassen sich nicht gleichrichten. Die Absicht einer allgemeinen Egalisierung aller Menschen ist daher von vornherein zum Scheitern verurteilt, weil sie der Allgesetzlichkeit der Polarität widerspricht. Die Vorgänge in den Staaten des Warschauer Paktes vor und nach dem 9. November 1989 bestätigen diese Feststellung in überwältigender Weise. Es kommt auf Harmonisierung an, nicht auf Gleichmacherei. Hermann Hesse sagt im *Narziß und Goldmund:*

> *„Es ist nicht unsere Aufgabe, einander näherzukommen, so wenig wie Sonne und Mond zueinanderkommen oder Meer und Land.* Unser Ziel ist, einander zu erkennen und einer im anderen das zu sehen und ehren zu lernen, was er ist: des anderen Gegenstück und Ergänzung."(9)

Hier finden wir das freimaurerische Ziel für den Umgang der Menschen miteinander, wie es schöner nicht hätte formuliert werden können.

So ist in einer einzigen symbolischen Handlung, in der Vereinigung von Winkelmaß und Zirkel in der Loge, eine ganze Philosophie von der Schöpfung und von der Verhaltensweise ihrer Geschöpfe enthalten, nämlich deren harmonischer Einordnung in die ewigen Gesetzmäßigkeiten zum Wohle von Natur und Mensch.

Auf eine Besonderheit des esoterischen Weges der Freimaurer ist noch hinzuweisen: Dieser Weg besteht aus drei Abschnitten, dem des Lehrlings, dem des Gesellen und dem des Meisters, wie es der Handwerkstradition entspricht. Ein Lehrgebäude, welches den ganzen Menschen, ja die ganze Schöpfung einbezieht, kann nicht in *einem* Schritt, schon gar nicht in *einer* Einweihung vermittelt werden; und was liegt näher, als diejenigen drei Schritte zu wählen, in denen sich das Leben und alles Sein vollzieht: Geburt, Leben und Tod, die heilige Dreiheit des Werdens, des Seins und des Vergehens alles Geschaffenen.(10)

Der Begriff Lehrgebäude ist nicht im Sinne von Lehrsätzen oder gar Dogmen zu verstehen, die der Schüler zu lernen, d.h. sich zu eigen zu machen hätte. Die ausgewählten Beispiele dürften das deutlich gemacht haben. In Ritualen geschieht seit Urzeiten letztlich nichts anderes als das „Nachspielen" des Schöpfungsereignisses sowie das Sichtbarmachen des Wesens der Schöpfung. In dem Beispiel von Winkelmaß und Zirkel war es die polare Struktur der Schöpfung, in anderen Teilen des freimaurerischen Rituals ist es das Hineintragen des Lichtes in den Tempel aus dem Osten, woher die Völker der Erde das Licht und damit Fruchtbarkeit und Leben erhalten. Das „*Es werde Licht*" geschieht hier jedesmal aufs neue.

So hat der Mensch seit alters das Geheimnis der Schöpfung zu ergründen gesucht, indem er im Mysterienspiel eins wird mit ihren Erscheinungen, d.h. mit den Manifestationen des Göttlichen. Die Rituale haben auf den Menschen schon immer eine harmonisierende Wirkung ausgeübt, sie haben ihn emporgehoben, dem Göttlichen nähergebracht. Mit ihrer Hilfe vermochte er sich anzunähern an das große Geheimnis des Seins, das mit der Ratio allein nicht erfaßbar ist. Dieser Weg ist zugleich aber auch ein Weg nach innen, ein Weg der Selbsterkenntnis.

Wer sich selbst aber einmal von außen zu betrachten gelernt hat, dem fällt es leichter, seinen Mitmenschen, der neben ihm steht, als Verwandten, als Bruder zu erkennen. Die Trennung zwischen Ich und Du erfährt eine Auflösung zum Wir. Hier liegt die Ursache für das Üben der Wohltätigkeit in der Freimaurerei. Diese ist also kein primäres Ziel, sondern eine Folge des rituellen Erlebens.

Wir haben dem esoterischen Weg freimaurerischen Arbeitens besondere Aufmerksamkeit geschenkt, obgleich wir nur wenige Beispiele aus der rituellen Arbeit herausgegriffen haben. Eine freimaurerische Tempelarbeit enthält eine Fülle weiterer Elemente, die das Denken und Empfinden dazu anregen können, tiefer einzudringen in die Geheimnisse von Schöpfung und Leben, und die zu Verhaltensweisen führen können, welche das Zusammenleben der Menschen und Völker menschlicher gestalten. Die hier vorgenommene Wegbeschreibung sollte dem Interessenten die Prüfung erleichtern, ob die spezifische Arbeitsmethode der Freimaurer ihm gemäß ist. Wer jede symbolische Handlung als mystische Schwärmerei abtut und die Ratio als einzigen Weg der Erkenntnis gelten läßt, wird sicherlich keinen geistigen Zugang zu dieser Gemeinschaft finden. Aber auch der Anhänger eines Mystizismus, Okkultismus oder Spiritismus wird erkennen, daß die Freimaurerei kein Betätigungsfeld für diese seine Interessensgebiete bereithält. Die Vortrags- und Diskussionsabende in der Loge wenden sich an den nüchternen Verstand. Hier soll die ,,vita activa" angeregt werden. Auch darf der vorhin ausgesprochene Gedanke einer Unio mystica in den Tempelarbeiten nicht dazu verleiten, diese etwa mit einem Gottesdienst zu vergleichen. Das freimaurerische Ritual nimmt keinen Bezug auf einen bestimmten Gottesbegriff. Wenn in den Tempelarbeiten alles *,,in Ehrfurcht vor dem Großen Baumeister aller Welten"* geschieht, so stellen sich die Freimaurer damit unter ein Symbol, in welches jeder einzelne seine Vorstellung vom Absoluten, von der Transzendenz, von der Vorsehung oder aber von seinem persönlichen Gottesbegriff hineinlegen kann. Gleichzeitig drückt diese Formulierung die Achtung und Ehrfurcht des Freimaurers vor anderen Wegen der Wahrheitssuche aus. Auf Grund dieser Toleranz ist in der Freimaurerloge Platz für jede Weltanschauung vom gläubigen Anhänger jedweder

Religion bis zu demjenigen, der seinen Trost im Diesseits sucht.

Fassen wir zusammen: Das archetypische Ziel des Menschen ist das Verstehen des unergründlichen Sinnes von Schöpfung und Leben. Symbolik und Ritual vermögen Bereiche der menschlichen Seele zu erreichen, an welche Worte nicht mehr heranreichen. Und so erschließen sie uns auch Bereiche, die wir mit Worten nicht wiederzugeben vermögen. Dies ist das viel zerredete Geheimnis der Freimaurer und der Mysterien. Dem Empfänglichen kann das freimaurerische Ritual eine Erfahrung vermitteln, die ihm gleichzeitig zur Selbsterfahrung wird, und diese wiederum kann zu einer Verhaltensweise führen, die der Schöpfung und dem Mitgeschöpf in Liebe zugewandt ist; einer Verhaltensweise, die mit allen menschlichen Schwächen, mit unserer Unvollkommenheit behaftet bleibt. Wir werden keine Heiligen durch die Freimaurerei. Die freimaurerischen Symbole und Rituale stellen aber für den Empfänglichen eine unvergleichliche Chance dar zur eigenen Vervollkommnung, zu mehr Menschlichkeit, Toleranz und Brüderlichkeit im Umgang mit den Mitmenschen und zu einer Verhaltensweise in seinem Wirkungsfeld, die je nach seiner Einflußmöglichkeit ihren Beitrag leisten kann zum Frieden und zur tätigen Hilfe zwischen den Menschen und Völkern.

Anmerkungen

(1) Julius Ruska: Tabula smaragdina. Ein Beitrag zur Geschichte der hermetischen Literatur. Heidelberger Akten der Von-Portheim-Stiftung Nr. 16. Arbeiten aus dem Institut für Geschichte der Naturwissenschaft. IV. – Carl Winters Universitätsbuchhandlung, Heidelberg 1926
(2) Erwin Burckhardt: Chinesische Steinabreibungen. – Hirmer Verlag München 1961. Tafel 1

(3) Hans Nevermann: Maurerische Symbole im alten China. In: Forschungsloge Quatuor Coronati, Jahrbuch 1977, Nr. 14. Handschrift für Brr. Freimaurer
(4) Richard Wilhelm (Hrsg.): I Ging – Das Buch der Wandlungen. – Eugen Diederichs Verlag, Düsseldorf/Köln 1978, S. 27 u. 33
(5) Vgl. C. G. Jung: Psychologie und Alchemie. – Walter Verlag, Olten und Freiburg 1981
(6) Eine umfassende Bestandsaufnahme enthält das Buch von Otto Köhne: Polarität. – Sokrates Verlag, Mannheim 1981
(7) Vgl. die tiefsinnige Bearbeitung dieses Themas in Goethes Gedicht ,,Gingo biloba" (West-östlicher Divan, Buch Suleika).
(8) Thorwald Dethlefsen: Schicksal als Chance. – Wilhelm Goldmann Verlag, München 1979, S. 243 f.
(9) Hermann Hesse: Narziß und Goldmund. – Suhrkamp Verlag, Frankfurt 1970, Gesammelte Werke, Bd 8, S. 47
(10) Die weiterführenden Grade, auch Hochgrade genannt, die es in den meisten freimaurerischen Systemen in unterschiedlicher Zahl gibt, sollen das freimaurerische Gedankengut vertiefen und geistig durchdringen. Es geht hierbei, wie es in der Präambel zur Konstitution des Alten und Angenommenen Schottischen Ritus heißt, um ,,Auswertung gewonnener Einsichten aus Leben, Wissenschaft und Kunst für Gegenwart und Zukunft".

Der vierundzwanzigzöllige Maßstab

Ein Stab von vierundzwanzig Zoll,
als Lehrling mir zur Hand gegeben,
mahnt, daß ich weise nutzen soll
die Stunden, die mein Erdenleben
so flüchtig Tag für Tag begleiten,
an die Vergänglichkeit der Zeiten
erinnern, deren ich ein Teil.

Wie eine hohe Schöpfermacht
im Rhythmusspiel von Tag und Nacht
die Welt erhält, dient mir zu Heil
die rechte Ausgewogenheit
von Arbeit und von Ruhezeit.

Doch beides schließe würdig ein
der Menschenliebe Tätigsein.

DAS UNAUSSPRECHLICHE
oder
,,Das verschleierte Bild zu Sais''

Im Jahre 1795 schrieb Friedrich Schiller, der kein Freimaurer war, aber unter den großen Geistern des Weimarer Kreises viele Freimaurer zu Freunden hatte, sein berühmt gewordenes Gedicht *Das verschleierte Bild zu Sais*. Dieses Werk kann Freimaurern und Interessenten jene Phänomene der Freimaurerei näherbringen, die sich Gästen und Fragestellern gegenüber immer so schwer erklären lassen. Schiller griff dort das Motiv einer Erzählung des griechischen Philosophen und Historikers Plutarch (ca. 50 – 125 n. Chr.) auf. Lassen wir ihn selbst zu Wort kommen:

Das verschleierte Bild zu Sais

Ein Jüngling, den des Wissens heißer Durst
Nach Sais in Ägypten trieb, der Priester
Geheime Weisheit zu erlernen, hatte
Schon manchen Grad mit schnellem Geist durcheilt;
Stets riß ihn seine Forschbegierde weiter,
Und kaum besänftigte der Hierophant
Den ungeduldig Strebenden. ,,Was hab ich,
Wenn ich nicht alles habe'', sprach der Jüngling,
,,Gibt's etwa hier ein Weniger und Mehr?
Ist deine Wahrheit, wie der Sinne Glück,
Nur eine Summe, die man größer, kleiner
Besitzen kann und immer doch besitzt?
Ist sie nicht eine einz'ge, ungeteilte?
Nimm einen Ton aus einer Harmonie,
Nimm eine Farbe aus dem Regenbogen,
Und alles, was dir bleibt, ist nichts, solang
Das schöne All der Töne fehlt und Farben.''

*Indem sie einst so sprachen, standen sie
In einer einsamen Rotonde still,
Wo ein verschleiert Bild von Riesengröße
Dem Jüngling in die Augen fiel. Verwundert
Blickt er den Führer an und spricht: ,,Was ist's,
Das hinter diesem Schleier sich verbirgt?"
,,Die Wahrheit", ist die Antwort. ,,Wie?" ruft jener,
,,Nach Wahrheit streb ich ja allein, und diese
Gerade ist es, die man mir verhüllt?"*

*,,Das mache mit der Gottheit aus", versetzt
Der Hierophant. ,,Kein Sterblicher, sagt sie,
Rückt diesen Schleier, bis ich selbst ihn hebe.
Und wer mit ungeweihter, schuld'ger Hand
Den heiligen, verbotnen früher hebt,
Der, spricht die Gottheit" – ,,Nun?" –*
                        *,,Der s i e h t die Wahrheit."
,,Ein seltsamer Orakelspruch! Du selbst,
Du hättest also niemals ihn gehoben?"
,,Ich? Wahrlich nicht! Und war auch nie dazu
Versucht." ,,Das faß ich nicht. Wenn von der Wahrheit
Nur diese dünne Scheidewand mich trennte" –
,,Und ein Gesetz", fällt ihm sein Führer ein.
,,Gewichtiger, mein Sohn, als du es meinst,
Ist dieser dünne Flor – für deine Hand
Zwar leicht, doch zentnerschwer für dein Gewissen."*

*Der Jüngling geht gedankenvoll nach Hause,
Ihm raubt des Wissens brennende Begier
den Schlaf, er wälzt sich glühend auf dem Lager
und rafft sich auf um Mitternacht. Zum Tempel
Führt unfreiwillig ihn der scheue Tritt.
Leicht ward es ihm, die Mauer zu ersteigen,
Und mitten in das Innre der Rotonde
Trägt ein beherzter Sprung den Wagenden.*

Hier steht er nun, und grauenvoll umfängt
Den Einsamen die lebenlose Stille,
Die nur der Tritte hohler Widerhall
In den geheimen Grüften unterbricht.
Von oben durch der Kuppel Öffnung wirft
Der Mond den bleichen, silberblauen Schein,
Und furchtbar, wie ein gegenwärtger Gott,
Erglänzt durch des Gewölbes Finsternisse
In ihrem langen Schleier die Gestalt.

Er tritt hinan mit ungewissem Schritt;
Schon will die freche Hand das Heilige berühren,
Da zuckt es heiß und kühl durch sein Gebein
und stößt ihn weg mit unsichtbarem Arme.
Unglücklicher, was willst du tun? So ruft
In seinem Innern eine treue Stimme.
Versuchen den Allheiligen willst du?
Kein Sterblicher, sprach des Orakels Mund,
Rückt diesen Schleier, bis ich selbst ihn hebe.
Doch setzte nicht derselbe Mund hinzu:
Wer diesen Schleier hebt, soll Wahrheit schauen?
,,Sei hinter ihm, was will! Ich heb ihn auf."
Er ruft's mit lauter Stimm': ,,Ich will sie schauen."
          Schauen!
Gellt ihm ein langes Echo spottend nach.

Er spricht's und hat den Schleier aufgedeckt.
,,Nun", fragt ihr, ,,und was zeigte sich ihm hier?"
Ich weiß es nicht. Besinnungslos und bleich,
So fanden ihn am andern Tag die Priester
Am Fußgestell der Isis ausgestreckt.
Was er allda gesehen und erfahren,
Hat seine Zunge nie bekannt. Auf ewig
War seines Lebens Heiterkeit dahin,

Ihn riß ein tiefer Gram zum frühen Grabe.
„Weh dem", dies war sein warnungsvolles Wort,
Wenn ungestüme Frager in ihn drangen,
„Weh dem, der zu der Wahrheit geht durch Schuld!
Sie wird ihm nimmermehr erfreulich sein."

Seit mehr als 250 Jahren arbeiten die Freimaurer in alten, überkommenen rituellen Formen. Mehrere tausend Jahre früher schon versammelten sich Gemeinschaften in ähnlicher Weise, begingen Mysterienbünde ihre kultischen Handlungen, wurden bei Urvölkern Initiationsriten durchgeführt – und dies alles unter dem Schleier des Geheimnisses, hinter verschlossenen Türen.

Und wer immer sich als „Profaner", als „vor dem Heiligtum Stehender", wie das lateinische Wort „pro fanum" wörtlich zu übersetzen ist, also als Nicht-Eingeweihter, heute heimlich den Zugang zu einer freimaurerischen Tempelarbeit erschleichen würde, wer also den Schleier des Geheimnisses wie jener Jüngling zu Sais auf eigene Faust heben würde, der entdeckte nichts anderes als das feierliche Entzünden von Kerzen, in erhabener Sprache vorgetragene formelhafte Redewendungen, eigenartige Bewegungen und ein seltsames Umherschreiten. Das Feierliche und Erhabene wäre ihm vielleicht lächerlich, die Reden und Bewegungen unverständlich, alles zusammen ein seltsames Theater ohne vernünftige Aussage. Jener Eindringling in den Tempel würde sich darüber hinaus aber vielleicht auch der Fähigkeit berauben, Erhabenes zu empfinden, „seelische Realitäten"(1) zu erfahren. Alles Symbolische, alles Allegorische würde ihm zur stummen Statue.

Dies mag dem Jüngling zu Sais in Schillers Gedicht schlagartig und unter höchster Bestürzung bewußt geworden sein, als er die erhabene Isis, die vielen Völkern in Kult und Verehrung eine höhere göttliche Ordnung verkörperte und dadurch dem einzelnen und der Gemeinschaft seelischen Frieden und Kraft spendete, als er dieses Symbol einer höheren Wahrheit durch gewaltsames Entschleiern zur Steinfigur profanierte.

Wer jegliche seelische Realität leugnet, wer seinen Intellekt als Schlüssel zur Wahrheit vergöttert, entgöttert diese Welt. Und wieder ist es Schiller, der die aus einer solchen Grundhaltung erwachsende Trostlosigkeit in ein Gedicht gekleidet hat, nämlich *Die Götter Griechenlands*. Wenige Verse daraus sollen dies verdeutlichen:

Da ihr noch die schöne Welt regieret,
An der Freude leichtem Gängelband
Selige Geschlechter noch geführet,
Schöne Wesen aus dem Fabelland!
Ach, da euer Wonnedienst noch glänzte,
Wie ganz anders, anders war es da!
Da man deine Tempel noch bekränzte,
Venus Amathusia!(3)

Da der Dichtung zauberische Hülle
Sich noch lieblich um die Wahrheit wand, –
Durch die Schöpfung floß da Lebensfülle,
Und was nie empfinden wird, empfand.

An einer späteren Stelle heißt es dann weiter:

Wo jetzt nur, wie unsre Weisen sagen,
Seelenlos ein Feuerball sich dreht,
Lenkte damals seinen goldnen Wagen
Helios in stiller Majestät.

Und noch einmal später:

Damals trat kein gräßliches Gerippe
Vor das Bett des Sterbenden. Ein Kuß
Nahm das letzte Leben von der Lippe,
Seine Fackel senkt' ein Genius.

Soweit das Beispiel einer entgötterten Welt.

Es soll hier wahrhaftig nicht einer mythischen Weltbetrachtung das Wort geredet werden. Wer einmal rational erfaßt hat, daß unsere Sonne ein Feuerball ist, der kann bei gesundem Verstand dieses Wissen nicht mehr ignorieren. Darum geht es Schiller auch nicht in diesem Gedicht. Es gibt zahlreiche Aussagen Schillers, in denen er sich temperamentvoll gegen jede Art einer Ausschaltung des Verstandes wendet. Gerade er ist es ja, der sich im Gegensatz zu Goethe immer gegen das Gefühl des Eins-Sein mit allem wehrt. Er bleibt auch in seinen Gedichten der Beobachtende und Handelnde, während Goethe mit dem Sein der Dinge verschmilzt. In seinem Wallenstein geht er geradezu widerwillig und nur auf Drängen Goethes an die Astrologie heran.(2) Es geht in den beiden hier zitierten Gedichten um die Hybris und Ehrfurchtslosigkeit des Menschen, welcher glaubt, die Ratio allein sei imstande, die Welt und ihre Hintergründe zu erfassen; eine Haltung, die zur Gemütsarmut und letztlich zur seelischen Verkrüppelung führt.

Wohl dem Bergsteiger, der trotz seines Wissens um die materielle Beschaffenheit der Sonne nach vollbrachter Mühe des frühmorgendlichen Aufstiegs tief ergriffen wird von dem Wunder der Tagwerdung; der in der Lage ist, in seinem Gemüt das Schöpfungsereignis *Und es ward Licht* von neuem zu erleben. Wohl dem Menschen, in welchem bei Betrachtung einer Blume etwas aufleuchtet von jener mythischen Erkenntnis vom Guten, Wahren und Schönen. Auch bei der Blume kennen wir deren stoffliche Zusammensetzung und wissen, auf Grund welcher chemischer und physikalischer Abläufe die Blüte sich zur Sonne wendet, sich öffnet und wieder schließt. Das, was den Bergsteiger, den Naturfreund und eben jeden empfindungsfähigen Menschen in der Natur und auch in bestimmten Lebenslagen ergreift, liegt hinter den Dingen, hinter dem Schleier des Sichtbaren. Dieses unbewußte Ahnen einer geistigen Dimension hinter den Dingen erfüllt den hierfür empfänglichen Menschen mit Ehrfurcht.

Der Eindringling in die Mysterien in Schillers Gedicht, derjenige, der die Schranken der Ehrfurcht niedergerissen hat — ,,*was hab ich, wenn ich nicht alles habe*'' —, steht nun zutiefst erschüttert vor dem Trümmerhaufen seiner Erkenntnisvorstellungen. Die verlorene ,,*Ehrfurcht vor dem Wirken der ewigen Gesetzmäßigkeiten*''(4) — vor der Wahrheit — wandelt sich zur Freudlosigkeit: ,,*Auf ewig war seines Lebens Heiterkeit dahin, ihn riß ein tiefer Gram zum frühen Grabe.*'' Auch die rationale Hybris eines Faust, der da sagt: ,,*Mich plagen keine Skrupel noch Zweifel, fürchte mich weder vor Hölle noch Teufel*'', führt letztlich zu der Erkenntnis, die er uns selbst in unmittelbarem Anschluß an diese Aussage mitteilt:

> *Dafür ist mir auch alle Freud entrissen,*
> *Bilde mir nicht ein, was Rechts zu wissen,*
> *Bilde mir nicht ein, ich könnte was lehren,*
> *Die Menschen zu bessern und zu bekehren.*
> *Auch hab ich weder Gut noch Geld,*
> *Noch Ehr und Herrlichkeit der Welt:*
> *Es möchte kein Hund so länger leben!*
> *Drum hab ich mich der Magie ergeben, [...] (5)*

Dorthin also führt die Trostlosigkeit der verlorenen Ehrfurcht: zur Magie, zur Droge, zur Flucht in den ,,Trip'', aus der man nur mit immer größerer Verzweiflung erwacht, einer Verzweiflung, die eben jenen Faust dann zum tödlichen Gift greifen läßt, vor dem er nur durch den Bund mit dem Teufel selbst bewahrt wird.

Der Evangelist Matthäus schildert die Situation eines solchen Eindringlings in die Mysterien im Gleichnis Jesu von der königlichen Hochzeit.(6) Es heißt dort: *,,Der König ging hinein, die Gäste zu besehen, und sah allda einen Menschen, der hatte kein hochzeitlich Kleid an.''* Es dreht sich hier nicht um Frack oder Smoking. Das geht aus dem zuvor Gesagten eindeutig hervor. Als nämlich die zur Hochzeit geladenen Gäste mit allen möglichen Ausreden absagten, schickte der König seine Knechte auf die Straßen mit dem Befehl: *,,ladet zur Hochzeit, wen ihr findet.''* Man kann sich vorstellen, daß gerade die Bettler und Landstreicher der Einladung am bereitwilligsten Folge leisteten. Da kam ein Umziehen in Gala nicht in Frage. Es handelt sich hier um die Bekleidung der Seele, um die *,,Vorbereitung in rechter Weise'',* wozu die Freimaurer vor Beginn jeder Tempelarbeit aufgefordert werden.

,,Wie bist du hereingekommen und hast doch kein hochzeitlich Kleid an?'' So fragt der König jenen Eindringling. Und der Evangelist fährt fort: *,,Er aber verstummte.''* Hier wurde einer, symbolisch gesprochen, ohne Schurz angetroffen, ohne den Freimaurer niemals einen Tempel zur Arbeit betreten dürfen. Danach befragt, muß ein Nichteingeweihter verstummen. Er kann eine rituelle Prüfung nicht bestehen, denn er ist ja nicht eingeweiht. Ohne Einweihung, ohne Initiation kann keine kultische Handlung begangen werden. Und wenn der König diesen Menschen nun in die Finsternis hinauswerfen läßt — *,,da wird sein Heulen und Zähneklappen''* — dann entspricht dessen Schicksal sinngemäß dem des Jünglings zu Sais: Dunkel, Freudlosigkeit.

Doch die Situation des Ehrfurchtslosen ist noch ernster.

Er begeht nämlich die viel zitierte ,,Sünde wider den heiligen Geist", die der Evangelist Markus beschreibt. Christus sagt dort:

> ,,*Alle Sünden werden vergeben den Menschenkindern, auch die Gotteslästerungen, womit sie Gott lästern; wer aber den heiligen Geist lästert, der hat keine Vergebung ewiglich, sondern ist schuldig des ewigen Gerichts.*"(7)

Gemeint ist: wer sich jeder Information verschließt, wer nicht zuhört und damit keiner Belehrung zugänglich ist, wird die Wahrheit nie erfahren. Wer sich jeglicher Möglichkeit zu erleben und zu empfinden verschließt, hat auch keinen Zugang zur Wahrheit. Ihm bleiben die Schönheiten der Natur verschlossen, er ist keiner tiefgehenden Freude fähig; und wir müssen folgern, daß in ihm auch keine echte Liebe aufkommen kann, die ja im Gefühl wurzelt. Wahrheit ist mit der Ratio allein nicht erfahrbar, sie ist etwas Meta-Physisches.

Hochintelligent war doch die Frage des Jünglings zu Sais an den Hierophanten: ,,*Ist deine Wahrheit, wie der Sinne Glück, nur eine Summe, die man größer, kleiner besitzen kann und immer doch besitzt? Ist sie nicht eine einz'ge, ungeteilte?*" Und jetzt dieser wunderschöne Vergleich: ,,*Nimm einen Ton aus einer Harmonie, nimm eine Farbe aus dem Regenbogen, und alles, was dir bleibt, ist nichts, solang das schöne All der Töne fehlt und Farben.*" Und nun steht er vor diesem ,,All" der Wahrheit. Aber es ist verhüllt. Der Rationalist kommt nicht weiter. Und wieder eine intelligente Frage: ,,*Nach Wahrheit streb ich ja allein, und diese gerade ist es, die man mir verhüllt?*" Darauf erhält er nun allerdings eine Antwort, die kein weiteres Fragen mehr zuläßt: ,,*Das mache mit der Gottheit aus [...] Kein Sterblicher, sagt sie, rückt diesen Schleier, bis ich selbst ihn hebe.*" Dem Sterblichen ist es nicht gegeben, die Wahrheit zu schauen. Erst wenn er das Reich der Sterblichkeit verlassen hat, wird die Gottheit den Schleier heben.

Man wird hier an Platons Höhlengleichnis (8) erinnert, in welchem er die Menschen als in einer Höhle Gefangene beschreibt, die wegen ihrer Fesseln nur auf eine bestimmte Wand schauen können. Das Licht erhalten sie von einem Feuer, das hinter ihnen von oben auf jene Wand scheint. Zwischen dem Feuer und den Gefangenen werden allerlei Gegenstände und Abbilder von Lebewesen – auch von Menschen – vorübergetragen, so daß die Gefangenen eben nur die Schatten jener Bilder zu sehen vermögen. Und wenn nun, fährt Platon fort, einer dieser Menschen von seinen Fesseln befreit würde, sich umdrehen und in das Feuer und auf die „wahren" Gegenstände blicken dürfte, er würde Schmerzen empfinden und wegen des Glanzgeflimmers vor seinen Augen die Dinge nicht anschauen können, deren Schatten er zuvor sah. Und wenn ihm nun jemand sagen würde: Die Gegenstände, die dort vor dem Feuer vorbeigetragen werden, sind die wahren. Du hast bisher nur deren Schattenbilder gesehen. Er würde doch, sagt Platon, dem bisher Geschauten mehr Realität zumessen als diesem ungewohnten Phänomen. Ganz hartnäckig bohrt nun der Philosoph in diesem Gleichnis weiter: Wenn man ihn zwänge, in das Licht selbst zu sehen, so würde er vor lauter Augenschmerzen davonlaufen und sich wieder den Schattenbildern zuwenden, die er ansehen kann, und darauf beharren, diese hätten mehr Realität, als das, was man ihm soeben vorgeführt habe. Platon steigert das Bild weiter und läßt diesen Losgebundenen an das wahre Licht zerren, läßt ihn draußen vor der Höhle die Sonne schauen und beschreibt plastisch seine Blendung und seine Augenschmerzen.

Nun geht es Platon allerdings in diesem Gleichnis um die Erziehung des Menschen zu höherer Einsicht. Und so beschreibt er weiter, wie es denn durch allmähliche Gewöhnung an das Sonnenlicht möglich würde, das Wesen der Dinge zu schauen. Für unser Beispiel aber ist der Hinweis bezeichnend, wie denn seine Mitgefangenen reagieren würden, wenn der Losgebundene nach Rückkehr in die Höhle ihnen von seinen Erkenntnissen berichten würde. Und da sagt Platon: Sie würden ihn verlachen und behaupten, er sei mit verdorbenen Augen von dort zurückgekehrt.

Soweit dieser Exkurs zu Platon, der deutlich macht, daß unsere irdischen Sinne nur das Diesseitige als Realität anzunehmen bereit sind. Das Höhlengleichnis Platons weist uns aber auch realistisch auf die Tatsache hin, daß das Urlicht von uns Menschen nicht ungeschützt angesehen werden kann. Unsere Augen würden Schaden nehmen. Nur mittelbar, nur über das Angestrahlte können wir es ertragen.

Da erwartet ein Faust verzückt den Aufgang der Sonne und beneidet die Berge, denen es vergönnt ist, *„früh des ewigen Lichts genießen"* zu dürfen, *„das später sich zu uns herniederwendet."* Und dann sieht er den ersten Schimmer:

Jetzt zu der Alpe grün gesenkten Wiesen
Wird neuer Glanz und Deutlichkeit gespendet,
Und stufenweis herab ist es gelungen –
Sie tritt hervor! – und leider schon geblendet,
Kehr ich mich weg, vom Augenschmerz durchdrungen.(9)

Und er beendet diese Lichtmeditation mit den berühmten Worten: *„Am farbigen Abglanz haben wir das Leben"*. Verschleiert sind die Wesen der Dinge, die *„Ideen"*, wie Platon sagt.

Ist es nicht in der Tat geheimnisvoll, daß das Licht als solches unsichtbar ist? Nur dort, wo es ein Körper auf seinem Gange hemmt, wie Mephistopheles sagt (10), wo es auftrifft, macht es die Körper sichtbar. „Das Licht der Wahrheit" –

wie oft wird dieser Vergleich gebraucht und wie wahr ist er Die Wahrheit ist unsichtbar wie das Licht.

Lessing sagt: *„Wenn Gott in seiner Rechten alle Wahrheit, und in seiner Linken den einzigen immer regen Trieb nach Wahrheit, obschon mit dem Zusatze, mich immer und ewig zu irren, verschlossen hielte, und spräche zu mir: wähle! Ich fiele ihm mit Demut in seine Linke und sagte: Vater gib! Die reine Wahrheit ist ja doch nur für dich allein!"* (11)

Die Philosophen aller Zeiten haben über die Wahrheit nachgedacht. Ja, man kann sagen, daß die Suche nach der Wahrheit und das Phänomen ihrer Unfaßbarkeit die Urheber aller Philosophie sind. Die Suche geht weiter, da die Wahrheit auch philosophisch nicht aussprechbar, nicht beschreibbar ist.

Aus diesem Grunde haben die Kulte seit frühesten Zeiten zu einem Medium gegriffen, welches im Stande ist, uns eine Annährung an dieses Geheimnis zu erlauben: zum Symbol. Das Symbol als Wegweiser zur Wahrheit hat Goethe erkannt, wenn er sagt: *„Das Wahre, mit dem Göttlichen identisch, läßt sich niemals von uns direkt erkennen: wir schauen es nur im Abglanz, im Beispiel, Symbol [...]"* (12) Das verschleierte Bild zu Sais ist eines der großartigsten Symbole der Wahrheit, von Schiller dichterisch verarbeitet.

Die Tatsache, daß die Symbolik in der Freimaurerei eine zentrale Rolle spielt, läßt uns erkennen, welche Chance für einen suchenden Menschen in diesem Bund liegen kann. Wir wollen dies verdeutlichen, indem wir uns noch einem anderen Phänomen des Unaussprechlichen zuwenden, das Novalis in seinem Fragment *Die Lehrlinge zu Sais* aufgegriffen hat. Der Dichter nimmt dort jene verschleierte Göttin zum Anlaß, uns etwas vom Geheimnis der Initiation, vom Wesen der Mysterien, näherzubringen.

Als einer der Lehrlinge der Isis-Mysterien Zweifel an dem Lehrgebäude seines Bundes empfindet, wird ihm von einem erfahrenen ,,Bruder'' ein Märchen als Gleichnis erzählt. Es handelt von einem jugendlichen Liebespaar mit den bedeutungsvollen Namen Hyacinth und Rosenblüte. Hyacinth wird eines Tages durch tiefsinnige Gespräche mit einem Eingeweihten zum Suchenden. Er verläßt Eltern und Braut in der Absicht, sich in die Mysterien der Isis einweihen zu lassen. Als er nach langem Suchen und Durchfragen endlich vor der Tür des Tempels steht, wird er von einem tiefen Schlaf umfangen, *,,weil ihn nur der Traum in das Allerheiligste führen durfte.''*(13)

Setzen wir getrost für Traum *Initiation*. Initiation verlangt die Bereitschaft zu empfinden, seine Seele zu öffnen, ohne dem kausalen Denken verhaftet zu bleiben. Der Traum ist es nun einmal, der unserer Seele Schwingen verleiht. Im Traum hatten die Propheten ihre Gesichte.

In diesem Zustand ist es nun dem Suchenden erlaubt, in das Allerheiligste vorzudringen, ja, den Schleier der Göttin zu heben. Und was geschieht? Lassen wir es Novalis selbst schildern: *,,Er stand vor der himmlischen Jungfrau, da hob er den leichten, glänzenden Schleier, und Rosenblütchen sank in seine Arme.''*(13)

Hier läßt uns Novalis die ganze Tiefe der Wirkung der Mysterien erahnen: Hyacinth findet seine Braut in der Göttin Isis. Die Verkörperung des Ewigweiblichen verschmilzt mit dem Pol, dem der liebende Jüngling zustrebt. Der Psychologe C.G. Jung würde sagen: Hyacinth hat seine Anima, hat den andersgeschlechtlichen psychischen Gegenpol in sich und damit sein Selbst, seine innere Harmonie, gefunden. Erst jetzt ist er ein Ganzer.

Der Name ,,Hyacinth'', also der Rückgriff auf einen antiken Vegetationsgott, der das Sterben und Wiederaufleben der Natur versinnbildlichte, steht sicher im Zusammenhang mit dem gewählten Motiv der Naturreligion von Sais. Wir können in Hyacinth aber auch den Menschen sehen, der über das Stirb und Werde der Generationen hinweg die Wahrheit sucht. Und damit geht Hyacinth den Weg der Menschheit.(14) Unzweifelhaft ist es die Absicht von Novalis, das Phänomen der Selbstfindung im Mysterium darzustellen. Das beweist ein Distichon aus den Materialien zu den *Lehrlingen zu Sais,* also aus Notizen, die für die Weiterarbeit an diesem Fragment bestimmt waren. Es lautet: (15)

,,Einem gelang es – er hob den Schleier der Göttin zu Sais – Aber was sah er? Er sah – Wunder des Wunders – sich selbst.''

Wir merken also: Zum einen erscheint dem Initianden die Braut bei seiner Einweihung, und doch trug sich Novalis mit dem Gedanken, daß der Jüngling in jenem Augenblick, da das Geheimnis gelüftet würde, sein eigenes Bild entdecken sollte. Selbstfindung in seinem psychischen Gegenpol und damit Entdeckung seiner Ganzheit. Selbstfindung als Wirkung der Initiation; Selbstfindung durch die rituellen Arbeiten der Freimaurer. In der Tat ein Geheimnis, nicht im Sinne eines Geheimwissens, das vor anderen Menschen – vor den ,,Uneingeweihten'' – verborgen werden muß. Ein Geheimnis, weil es sich in unserem Inneren abspielt, in den Bereichen des Gemüts und des Gefühls; ein Geheimnis, weil dieser Prozeß nicht rational erfaßbar ist. Er kann nur erlebt werden wie z.B. das Geheimnis der Liebe. Was Liebende empfinden, was in Hyacinth und Rosenblüte vorging, entzieht sich dem Medium Sprache.

Der Ablauf freimaurerischer Tempelarbeiten ist im Laufe der Jahrhunderte oftmals verraten worden. Es gibt durchaus richtige – nicht wahre! – Darstellungen in Gegnerschriften: Die Rituale sind in öffentlichen Bibliotheken zu finden. Das eigentliche Geheimnis der Freimaurer aber ist nie verraten worden. Es ist nicht aussprechbar.

Nun darf das vorher Gesagte nicht zu der Auffassung verleiten, man könne eine freimaurerische Tempelarbeit miterleben und habe dann sich selbst gefunden. Unser Ritual ist ein Weg, eine Möglichkeit, ist eine Chance zum ganzen Menschen hin. Dieser Weg jedoch ist fortwährende Arbeit, welcher sich der einzelne freiwillig unterziehen muß. Man kann eine Tempelarbeit verlassen und hat nichts von ihr gehabt. Meistens liegt das an einem selbst. Das Ritual birgt einen ganzen Bauplan des Lebens in sich, einen Bauplan, in welchem das Winkelmaß unseres irdischen Bauens auf den Zirkelschlag des Großen Baumeisters aller Welten abgestimmt ist.

Ein zweites Mißverständnis könnte aus den bisherigen Darlegungen erwachsen: nämlich, daß sich freimaurerisches Arbeiten ausschließlich im Bereich des Gemüts und des Gefühls vollziehe. Wenn der Religionswissenschaftler Mircea Eliade feststellt, daß *,,die imaginären Erfahrungen [...] ein Teil der Ganzheit des Menschen''* sind (16), so gehören diese zwar unabdingbar zu einem ausgeglichenen Menschen, aber sie machen für sich allein eben nicht den ganzen Menschen aus. Deshalb gehört zum Grundsatz freimaurerischen Arbeitens die Ausgewogenheit zwischen Esoterik und Exoterik, zwischen dem Lauschen auf die Aussagemöglichkeiten der Symbole, welches immer ein Lauschen in sich selbst hinein ist, und der ganz praktischen Erörterung aktueller Tagesfragen sowie der Möglichkeiten des Handelns in dieser unserer Gesellschaft.

Ein Letztes: Freimaurer schmücken sich an ihrem Johannisfest, dem höchsten Fest ihres Bundes zur Sommersonnenwende, mit der Rosenblüte, und sie geben diese dem verstorenen Bruder als letzte Liebesgabe mit auf den Weg seiner Wandlung. Eine tiefe Symbolik liegt in diesem Brauch. Als Symbol des Schweigens findet man die Rose in alten Beichtstühlen. Der Blick in das Innere eines Menschen gebietet Schweigen. In einer Loge – einer Bruderschaft – öffnet man sich einander mehr, als das in der profanen Welt üblich und ratsam ist. So ist das Schweigegebot der Freimaurer, so ist der Schleier des Geheimnisses wohlbegründet.

Dennoch sind Freimaurer aufgefordert, dieses Unsagbare hinauszutragen in die Welt durch ihr Handeln, das Geheimnis ausstrahlen zu lassen aus ihrem Innern durch Weitergabe von Freude und Harmonie, so wie es eine Rosenblüte aus der Hand des geliebten Menschen vermag. Freimaurer sind aufgefordert, die Rosenblüte weiterzutragen von Johannisfest zu Johannisfest, also von einem Sieg des Lichtes über die Finsternis zum anderen; sie weiterzureichen an die nächste Maurergeneration im unermüdlichen Glauben an den schweigsamen Sieg des Lichtes.

Anmerkungen

(1) Kerényi 1971, S. 47
(2) Vgl. Staiger 1967, S.32 f.
(3) Die alte phönikische Stadt Amathús an der Südküste von Cypern, östlich von der heutigen Stadt Limasol war ein Hauptsitz der kyprischen Aphrodite. Die Ruinen (heute Paläo-Limisso) bargen zahlreiche Fundgegenstände.
(4) Aus einem freimaurerischen Ritual
(5) Goethe: Faust I, V. 368 ff.
(6) Matthäus 22, 2 – 14
(7) Markus 3, 28 f.
(8) Politeia, 7.Buch, 514A – 518A
(9) Goethe: Faust II, Anmutige Gegend, 4699 ff.

(10) Goethe: Faust I, Studierzimmer, V. 1356
(11) Lessing: Eine Duplik
(12) Bd. 17, S. 639: Versuch einer Witterungslehre
(13) Novalis 1981, S. 218
(14) Ich teile die Auffassung von Hans-Joachim Simm nicht, wonach die Feststellung Kerényis, daß mit Hyacinth die Knabenliebe ihren Anfang genommen haben soll, als Hinweis zur Interpretation dieses Märchens gelten könne.(*) Die Tatsache, daß Novalis der Braut den Namen Rosenblüte verleiht, scheint doch mehr auf die Absicht hinzudeuten, jene erwähnte Polarität der Geschlechter auch ins Geistige projiziert darzustellen. Diese Auslegung wird unterstrichen durch die Feststellung C.G. Jungs, daß der *„Uterus [...] eine Grundbedeutung des östlichen Mandalas darstellt"*, und daß *„das Zentrum des Mandala [...] dem Blütenkelch des indischen Lotus"* entspricht.(**) Im Hinblick auf die Rose finden wir nahe verwandte Auffassungen in der christlichen Symbolik gotischer Bauwerke. Dort kann man die geschlossene Rosenblüte als Symbol der *Jungfrau* Maria, die geöffnete aber als solches der *Mutter* Maria finden.
   (*) Novalis 1981, S. 590 – Kommentar
   (**) Jung 1981, S. 211
(15) Novalis 1981 S. 234
(16) Eliade 1973, S. 156

Literatur

Eliade, Mircea: Die Sehnsucht nach dem Ursprung. Wien 1973
Goethe: Artemis-Gedenkausgabe, Bd. 5, Zürich 1962, Bd. 17 1952
Jung, C.G.: Psychologie und Alchemie. Olten 1981
Kerényi, Karl: Antike Religion. München/Wien 1971
Lessings Werke. Deutsches Verlagshaus Bong & Co. Berlin – Leipzig – Wien – Stuttgart (ohne Jahresangabe)
Novalis: Werke in einem Band. München/Wien 1981
Platon: Sämtliche Werke, Zweiter Band. Berlin Lambert Schneider (ohne Jahresangabe)
Staiger, Emil: Friedrich Schiller. Zürich 1967

Wiederfinden

*Bin, ach, ich wieder eingedrungen
durch des Geheimnis zarten Saum,
aus dem Profanum heimgesungen,
heim, in den Sphären-Innenraum?*

*Ich fühl's, ich hab die Wand durchschritten,
die unsichtbare, welche trennt,
was tief in unsren Seelenmitten
als Flamme seliger Einheit brennt.*

*So leben wir im Wiederfinden,
im Wandern aus der Nacht zum Licht,
das uns in immer neuen Gründen
des Dunkels neues Licht verspricht.*

*Auch meine letzte Erdenstunde
wird Teil von diesem Rhythmus sein.
Geduldig harr ich ihrer Kunde
von einem neuen Schein und Sein.*

DAS RITUAL ALS PSYCHOLOGISCHES PHÄNOMEN

Seit seiner Gründung im Jahre 1717 pflegt der Freimaurerbund Rituale, die, wenn auch nicht in allen ihren äußeren Formen, so doch in ihren wesentlichen Strukturen und geistigen Inhalten bis heute unverändert fortbestehen. Diese Rituale wurden natürlich nicht erst im Jahre 1717 aus den Nichts geschaffen, sondern sind im Laufe von Jahrhunderten gewachsen. Es soll hier nicht untersucht werden, wann welche Elemente in die freimaurerischen Rituale eingeflossen sind. Soweit dies überhaupt schon geklärt ist, wird auf die einschlägigen Forschungsarbeiten verwiesen.(1) Bemerkenswert ist, daß diese Rituale in vielen Bereichen Elemente enthalten, die wir bereits in ältesten Mysterien und Weisheitslehren finden. Dies gilt z.B. für die Eleusinischen Mysterien des alten Griechenlands, für die ägyptischen Mysterien des Isiskultes, für die Mysterien der Orphiker, für Bräuche des Mithraskultes und für Weisheitslehren des alten China. Und wer in einschlägigen Werken über die Mythen der Welt und kultischen Bräuche blättert, stößt immer wieder auf Ausdrucksformen, die er in der Freimaurerei in gleicher oder ähnlicher Form wiederfindet.(2) Selbst wenn man der Hypothese folgt, daß sich das freimaurerische Ritual erst ab etwa 1719 unter dem tatkräftigen Einfluß Desaguliers' im heutigen Sinne auszuformen begann,(3) und daß besonders die Elemente der Mysterien erst von den gebildeten Angenommenen Maurern in die Bauhütten hineingetragen wurden, selbst dann ist die Feststellung richtig, daß die Wurzeln der freimaurerischen Rituale mehr als dreitausend Jahre alt sind, ja, vielleicht sogar bis in die Anfänge der Menschheitsgeschichte zurückreichen, wie die folgende Untersuchung vermuten läßt.

Angesichts der Dauerhaftigkeit solcher Formen stellt sich die Frage, was Menschen seit Jahrtausenden bewegt, sich bestimmter Ausdrucksformen zu bedienen, die nicht unmittelbar auf eine praktische Tätigkeit ausgerichtet sind, sondern nur, wie wir heute sagen, Symbolcharakter haben. Die Tatsache, daß viele dieser Handlungen unsichtbaren Göttern galten, beantwortet unsere Frage nicht restlos; denn unter den rituellen Handlungen der Vergangenheit hat es auch immer solche gegeben, die zunächst lediglich dem Zweck einer Belehrung zu dienen scheinen; man hat den Eindruck, sie sollen Erkenntnisse über das Medium des Erlebens vermitteln. Dieser Charakter tritt bei den Mysterien und anderen Initiationsriten scheinbar deutlich hervor. Für die Gegenwart ist die Freimaurerei ja ein Beispiel für das Weiterleben symbolischer Formen, wie wir meinen, ohne religiösen Bezug. Darüber hinaus gilt es zu klären, woher es kommt, daß viele dieser Ausdrucksformen zu unterschiedlichsten Zeiten in den verschiedensten Kulturen und Regionen in gleicher oder ähnlicher Gestalt wiederkehren, obwohl keinerlei Verbindungen zwischen ihnen nachweisbar sind.

Die einfachste Antwort auf die Frage, warum die Menschheit seit alters Rituale pflegt, muß wohl lauten: weil es wahrscheinlich immer Menschen gegeben hat, die in diesem Geschehen etwas fanden, was sie, bewußt oder unbewußt, gesucht hatten. Das Erlebnis des Rituals muß so nachhaltig gewesen sein, daß es den Menschen, die es pflegten, wert war, immer von neuem hervorgerufen und auch weitergegeben zu werden. Carl Schneider schreibt in diesem Zusammenhang in seinem Buch *Mysterien — Wesen und Wirkung der Einweihung:*

„Die Wirkung dieser schlichten Einweihung muß ungeheuer gewesen sein. Dafür zeugen Menschen, die sonst in keiner Weise schwärmerisch gewesen sind, wie z.B. Cicero, aber natürlich auch die mancherlei griechischen Stimmen, die wir darüber haben. Schon Pindar spricht

von der Bedeutung dieser Handlung. [...] Worin lag nun diese ungeheuere Wirkung? Es genügt, einige Stimmen zu zitieren. Der Homerische Demeter-Hymnus und ähnlich Pindar sagen es in der Form einer Seligpreisung: ‚Selig, wer das geschaut von den sterblichen Menschen. Ihm wird schon hier in der Welt nichts Böses mehr zustoßen und im Dunkel des Hades sieht er das Licht.'"(4)

Doch was vermögen schon Worte, wenn es um das Erleben geht. Aber vielleicht sind gerade die Angehörigen einer Gemeinschaft, die noch Rituale pflegt, dazu berufen, das Erleben der Alten nachzuempfinden, indem sie Rückschlüsse aus dem eigenen Ritualerlebnis ziehen.

Bleiben wir also zunächst in der Geschichte der Freimaurerei und fragen uns: Was zieht Menschen seit über 250 Jahren immer von neuem in den Freimaurertempel, um dort gemeinsam mit Gleichgesinnten eine doch stets in derselben Weise ablaufende Handlung auf sich einwirken zu lassen?

Der Grund liegt sicher nicht primär in der nüchternen Überlegung, im Tempel *„geistige Entfaltung und Entwicklung einer sittlichen Lebenshaltung"* zu lernen, was als Sinn der Arbeit in einem Ritual bezeichnet wird. Freimaurer besuchen die Tempelarbeiten auch nicht, um sich dort in Menschenliebe, Toleranz und Brüderlichkeit zu üben. Sie zieht es doch in den Tempel, weil sie dort ein Erlebnis finden, das ihnen etwas gibt — ohne klar beschreiben zu können, worum es sich bei diesem Etwas handelt.

Um uns an das Phänomen Ritual heranzutasten, müssen wir nun doch den unzulänglichen Versuch machen, die Art des Erlebnisses, oder besser, die empfundene Wirkung mit Worten zu beschreiben. Wir kommen der Wirklichkeit vielleicht nahe, wenn wir von innerer Ruhe und Ausgeglichenheit oder von innerem Frieden sprechen. Darüber hinaus empfinden Freimaurer immer wieder einen besonderen Nachhall aus den Tempelarbeiten, der ihnen Kraft gibt in den Belastungen des Alltags; der ihnen eine vorher nicht gekannte Gelassenheit schenkt; ja, der ihnen in der Tat dazu verhilft, Menschenliebe, Toleranz und Brüderlichkeit besser zu praktizieren, als sie es vor ihrer Zugehörigkeit zum Freimaurerbund vermochten. Und noch eine Wirkung des Rituals wird häufig genannt: Es ist der sich öffnende Weg zur Selbsterkenntnis, der Prozeß der Individuation.

Natürlich ruft das Ritual nicht in jedem Freimaurer die gleiche Wirkung hervor. Immer handelt es sich um eine Reflexion, d.h. der sich dem Ritual aussetzende Bruder bringt seine Mentalität in entscheidendem Maße mit in den Vorgang ein. Dennoch kann die hier versuchte Beschreibung eine Annäherung an das zu untersuchende Phänomen sein.

Worauf beruht nun diese besondere Wirkung des Rituals auf den Menschen? Wir wollen den Weg zu einer Erklärung über ein Gebiet nehmen, das auf empfindungsfähige Menschen zumindest in Teilbereichen ähnlich wirkt: Das ist die Naturbetrachtung. Da ist das Mysterium des Sonnenaufgangs. Mit Ergriffenheit empfindet der frühmorgendliche Wanderer die Urverbundenheit des Menschen mit aller Kreatur – auch mit der Pflanzenwelt – in der Hinwendung zur Sonne. Er kann sich des befreienden Aufatmens nicht erwehren, wenn der gleißend helle Feuerball sich feierlich über den östlichen Horizont erhebt. Ebenso wenden sich auch die Blüten jener göttlichen Erscheinung zu, öffnen ihre Kelche weit, wie wir unsere Herzen und Lungen, atmen auf ihre Weise auf und beten an. Und der Wanderer fragt sich angesichts dieser Übereinstimmung mit der Pflanzenwelt, ob hier nicht ein unbewußtes Erinnern an einen unendlich fernen gemeinsamen Ursprung erwacht. Auch derjenige, der es nicht so poetisch formuliert, fühlt sich in diesem Augenblick harmonisch eingebettet in das große kosmische Geschehen. Das haben uns Dichtung und Esoterik aller Zeiten immer wieder mit unterschiedlichsten Worten überliefert. Franz Carl Endres empfindet wie unser Wanderer, wenn er in seinem Buch *Das Geheimnis des Freimaurers* schreibt:

> *,,An der Schönheit der Blumen, an ihrem Duft, an ihrem Eindruck als sichtbar gewordener Harmonie das große Geheimnis zu ahnen, sich zu freuen und vor der Offenbarung der Gemeinsamkeit des Lebens zu erschauern."*(5)

Mag der eine oder andere solche Schilderungen als zu schwärmerisch empfinden; die harmonisierende Wirkung der Natur auf das Gemüt, ja, ihre Unterstützung körperlicher Heilungsprozesse sind Tatsachen, die sich die Medizin zunutze macht, wenn z.b. in Kurorten Parks angelegt werden, welche die ungestörte Naturbeobachtung ermöglichen. Körperliche Heilerfolge über die Ansprache des Gemüts sind ein weites Forschungsgebiet der psychosomatischen Medizin. Das Wissen hierüber reicht bis in die Antike zurück über Hippokrates zu Pythagoras.

Im Zusammenhang mit unserem Thema sei nun aber die eher philosophische Frage erlaubt, ob kranken Menschen nicht in vielen Fällen einfach die Harmonie der Seele fehlt, eine Harmonie, die in der unzerstörten Natur vorhanden ist und von dort her in die kranke Seele hinüberzufließen vermag. Natur ist Harmonie und kann sich nur durch Harmonie erhalten. In der Wissenschaft sprechen wir in diesem Zusammenhang von ökologischem Gleichgewicht. Die harmonische Grundstruktur der Natur läßt sich sogar in den meßbaren Proportionen der Schöpfung nachweisen. An der Musikhochschule in Wien wurde hierzu ein eigenes Institut für harmonikale Grundlagenforschung eingerichtet. In den einschlägigen Veröffentlichungen hat Rudolf Haase, der Direktor des Instituts, eine Fülle von Beispielen zusammengetragen, welche zeigen, wie meßbare Größen im Makro- und Mikrokosmos in Verhältnissen zueinander stehen, die, mit Intervallen der Musik verglichen, von unserem Ohr als wohlklingend empfunden werden. Die Untersuchungen erstrekken sich vom Planetensystem bis zum periodischen System der Elemente, vom Farbenspektrum über morphologische Verhältnisse von Pflanze, Tier und Mensch bis zur Geometrie als Natur-Wissenschaft.(6) Rudolf Haase hat in dieser Forschung berühmte Vorgänger: Luca Pacioli, der auch als Fra Luca di Borgo bekannte italienische Mathematiker des 15.Jahrhunderts führt in seinem Werk *De divina proportione* die Proportionen des Menschen auf den Goldenen Schnitt zurück. Berühmt wurde das Bild des Menschen im Pentagramm, das sein Freund Leonardo da Vinci für dieses Buch gezeichnet hat. Letztlich gehen diese Gedanken bis auf Pythagoras zurück, der die harmonischen Intervalle der Musik erstmals in Zahlenverhältnissen ausdrückte und auf den Kosmos übertrug.(7)

Bezeichnenderweise spielte die Musiktherapie bei Pythagoras eine besondere Rolle.(8) Wieder geht es darum, die auch in der Natur erkannte Harmonie, diesmal auf dem Wege über die Kunst, auf die Seele zu übertragen. Die Musiktherapie ist heute als Forschungszweig der modernen Medizin nicht mehr wegzudenken. Die Unterstützung von Heilungsprozessen durch entsprechende − harmonische − Musik ist vielfach nachgewiesen(9), ebenso allerdings auch ihre fanatisierende und gesundheitsschädliche Wirkung, je nach ihrem Charakter.(10) Es ist nicht von ungefähr, daß Bereiche der Kunst in ihrer Wirkung auf den Menschen mit der Natur vergleichbar sind; hat der Künstler doch keine andere Wahl, als sich in seinem Schaffen am Vorbild der Natur in ihren Formen, Farben und Tönen zu orientieren. Allerdings bringt er in dieses Schaffen auch die Harmonie oder Disharmonie seiner Seele mit ein.

Das Stichwort ,,Kunst" soll nun überleiten zur Betrachtung der ,,Königlichen Kunst", wie sich die Freimaurerei auch versteht. Franz Carl Endres sagte einmal: *,,Der Mensch, der zum ersten Mal innere Sehnsucht nach der Harmonie der Natur empfand, war der erste Freimaurer."*(11) Natur – Kunst – Harmonie – Königliche Kunst – wo liegen hier die Zusammenhänge? Oder ganz konkret gefragt: was geschieht im freimaurerischen Ritual, daß man von einer Wirkung auf den Menschen sprechen kann, die mit derjenigen vergleichbar ist, welche aus der Natur und Kunstbetrachtung erwachsen kann?

Wenden wir uns den freimaurerischen Symbolen und dem Geschehen im Ritual zu, so finden wir einerseits Elemente, die mit Sicherheit über die Bauhütten des Mittelalters in die Freimaurerei eingeflossen sind, wobei hier nicht untersucht werden soll, wie weit ihr Ursprung tatsächlich zurückliegt. Andererseits finden wir, wie schon gesagt, Teile des Brauchtums in gleicher oder ähnlicher Form in ältesten Weisheitslehren und Mysterien der verschiedensten Kulturkreise wieder.

Zur ersten Gruppe gehören die *Werkzeugsymbole* wie Zirkel und Winkelmaß, Spitzhammer und Kelle, um nur einige zu nennen. Es sei daran erinnert, daß Winkelmaß und Zirkel bereits im China der Zeitenwende als polares Symbolpaar – also im gleichen Sinne wie in der Freimaurerei – verwendet wurden.(12) In seiner Zusammenfügung, wie bei der Freimaurerei und vorher schon bei bestimmten Zünften üblich, tritt uns dieses Symbolpaar indirekt in dem berühmten Lambdoma gegenüber, das uns von den Pythagoreern überliefert ist, aber sicherlich mindestens bis in die sumerische Kultur des 3. Jahrtausends vor Christus zurückgeht. Das Lambdoma, das von dem Symbolforscher Julius Schwabe einer Weltformel gleichgesetzt wird,(13) bestand aus einem nach unten geöffneten Winkel (gleich dem griechischen Buchstaben Lambda), dessen offene Seite durch ein „Gnomon" (= Winkelhaken) abgeschlossen war. Und letztlich finden wir einen Vorläufer dieses Symbolpaares in der Höhlenmalerei frühester Zeiten in der Form des nach unten bzw. nach oben geöffneten Winkels als Symbol des „Oben", also des schöpferischen, d.h. göttlichen Prinzips, und des „Unten", also des empfangenden, irdischen Prinzips. Um das Maß voll zu machen finden, sich diese beiden Winkel da und dort auch in vereinigter Form, wie wir sie von unserem Winkelmaß und Zirkel her kennen.(14) Ähnliche Beispiele könnten für andere Bauhüttensymbole erbracht werden. Wir sehen schon daran, daß die Bauhütten sicher nur das Vehikel der Überlieferung dieser Symbole waren. Sie waren eben auf Grund ihrer Tätigkeit am geeignetsten hierfür. Als Beispiel für *Ritualelemente* dieser Gruppe fallen die Aussagen zur Arbeit am Tempel der Humanität ins Auge. Vergessen wir aber auch hier nicht, daß der Vergleich des Menschen mit Bausteinen bereits im Alten und später im Neuen Testament zu finden ist und somit sicherlich auf eine noch ältere Gepflogenheit zurückgeht. Auch der symbolhafte Gebrauch von Werkzeugen ist keine Erfindung der Bauhütten. Mircea Eliade führt die Magie der Werkzeuge bis in die Steinzeit zurück.(15) Das Werkzeug, das dem Menschen die Arbeit und damit das Überleben erleichterte, mußte eine göttliche Offenbarung sein.

Zur zweiten, nicht dem Bauhandwerk zuzuordnenden Gruppe von Symbolen und Ritualelementen gehören Sonne, Mond und Flammender Stern, die Ursymbole Dreieck und Viereck sowie die symbolischen Reisen vom Dunkel zum Licht. Auch hier gibt es fließende Übergänge; denn die Ursymbole — es sind sicherlich astrale Symbole, die von den Bewegungen von Sonne und Mond sowie bestimmten Planeten abgeleitet sind — dienten der Architektur seit frühester Zeit als Schlüsselfiguren. Von den Pyramiden Ägyptens über die Tempel des fernen Ostens und des klassischen Griechenlands bis zu den gotischen Kathedralen des Mittelalters bestimmen Dreieck, Viereck, Pentagramm und Hexagramm die Proportionen. Der allenthalben angewandte Goldene Schnitt wurde mit Hilfe des Pentagramms gewonnen. Der Mensch wollte sich in frühester Zeit in seinen Kultstätten und Behausungen in die göttliche Ordnung einfügen, die er in der Bewegung der Gestirne erkannte.

Und nun verbinden sich jene Symbole mit dem Ritual zu einem Geschehen, in welchem wir uns harmonisch in kosmische Gesetzmäßigkeiten einordnen, in welchem wir den ewigen Kreislauf des Stirb und Werde erleben; das Licht wird uns zum Inbegriff des Guten, Wahren und Schönen, zum Symbol der Schöpferkraft, und wir lassen uns im rituellen Geschehen hinweisen auf das tiefe Geheimnis der Polarität in allem Schöpfungswalten. So werden wir wieder zum Baustein dieser Schöpfung, der sich harmonisch einfügt in den gewaltigen und geheimnisvollen Bau des Kosmos. Wir lernen den Tod nicht mehr als Krankheit, als Zerstörung alles Lebendigen erkennen, sondern als den anderen Pol des Seins, das aus Leben und Tod besteht und nur im Wechsel des Stirb und Werde fortleben kann. Wir erkennen, daß das Leben dem ewigen Gesetz der Wandlung unterworfen ist, einer Wandlung zu einer immer höheren Stufe des Seins, wie es uns die Stufen auf der Arbeitstafel symbolisieren. Und mancher fühlt im Geschehen des Rituals vielleicht eine Annäherung an das Göttliche. Das hängt von der Gemütsstruktur des einzelnen ab. Und ebendasselbe geschah − natürlich in den mythischen Ausdrucksformen ihrer Zeit − in den alten Mysterien.(16)

Harmonisierung als Wirkung unseres Rituals − ist dies vielleicht nur eine Einbildung romantischer Gemüter? Befragen wir den berühmten Psychotherapeuten C. G. Jung, der seine großen Heilerfolge bei psychisch Kranken erzielte, indem er die Ursachen seelischer Störungen vorwiegend aus den Träumen seiner Patienten zu ergründen suchte und dann die im Unbewußten liegenden oder dorthin verdrängten Komplexe ins Bewußtsein rückte.(17) In das Unbewußte verdrängte Eindrücke, die dort zerstörerisch wirken und das Bewußtsein geradezu ,,spalten'' (Schizophrenie = Bewußtseinsspaltung (18)), werden hervorgeholt in das Bewußtsein. Das Gespaltene wird wieder zusammengefügt. Vereint wird, was zusammengehört; was aufeinander abgestimmt ist. Das aber ist Harmonie. Zusammenfügen heißt auf Griechisch ,,symballein'', woraus das Substantiv ,,Symbolon'', das Symbol, entstanden ist. Dieser Zusammenhang wird uns noch beschäftigen.

Was aber haben psychotherapeutische Traumanalysen mit dem Ritual zu tun? Ein interessantes Beispiel hierfür gibt die Mitarbeiterin C. G. Jungs, Marie Louise von Franz, in ihrer Schrift *Der Individuationsprozeß*.(19) Die Autorin berichtet hier von einem Medizinmann der Ogalala-(Sioux-)Indianer, namens Schwarzer Hirsch, der mit neun Jahren schwer erkrankt war und im Fieber eine ungeheuer eindrückliche Vision hatte:

,,Er sah, wie vier Gruppen herrlicher Pferde aus den vier Weltgegenden heransprengten, und dann sah er auf Wolken thronend die sechs Großväter der Welt, die Ahnengeister des Stammes. Sie schenkten ihm sechs heilige Symbole für sein Volk und zeigten ihm einen neuen Lebensweg.

Als er sechzehn Jahre alt wurde, bekam er plötzlich eine schreckliche Gewitterangst; immer wenn es donnerte, hörte er Stimmen, welche sagten: Beeile dich, beeile dich! Es erinnerte ihn an das Donnern der Pferdehufe in der Vision. Ein alter Medizinmann half ihm hierauf durch die Erklärung, daß diese Angst davon käme, daß er die Vision für sich behalten habe; er müsse sie seinem Volke mittei-

len. Dies tat er, und der Stamm führte die Vision in Wirklichkeit mit Pferden als ein Ritual auf. Schwarzer Hirsch und viele seiner Leute versicherten, daß dies eine heilende Wirkung auf sie ausübte. [...] Sogar die Pferde schienen glücklicher und gesünder als zuvor'",

zitiert Marie Louise von Franz aus der Autobiographie des Medizinmannes und sie schreibt über dieses Beispiel, es scheine ein relativ guter Hinweis darauf zu sein, wie Rituale entstehen können. Für unser Thema ist die geschilderte Wirkung einer psychischen Harmonisierung besonders interessant. Hier zeigt sich letztlich das gleiche psychologische Phänomen, das C.G. Jung und später seine Mitarbeiter zu ihren Heilerfolgen an psychisch Kranken nutzbar machten. Die Ur-Sehnsüchte gesunder Menschen (die Grenze zur psychischen Krankheit ist bekanntlich fließend) werden in Mysterienspielen, in Symbolen und kultischen Handlungen, also in Ritualen aus dem Unbewußten hervorgeholt. Sie werden aus ihrer Verdrängung befreit und sprechen nun im Ritual die Seele von außen an. Das Gespaltene wird wieder zusammengefügt (symbolon).

Bei seinen Traumanalysen stieß Jung immer wieder auf Bilder und Vorgänge, die sich nicht nur von Patient zu Patient glichen, sondern die in Mythen und Märchen aller Zeiten und Kulturkreise zu finden sind.(20) Er spricht in diesem Zusammenhang von dem *„kollektiven Unbewußten [...] demjenigen Teil der Psyche, der das gemeinsame psychische Erbe der Menschheit enthält und weitergibt."*(21) Jung nennt diese Symbole „archetypisch", weil sie nach seiner Auffassung in unserer Seele seit Urzeiten angelegt sind und sich in vielen Fällen auch durch die Erscheinungsformen der modernen Zivilisation nicht verändert haben. Ein besonders interessantes Beispiel finden wir in Jungs Schrift *Der Zugang zum Unbewußten*. Der Psychiater schreibt dort:

,,Ich erinnere mich deutlich an einen Professor, der ganz plötzlich eine Vision gehabt hatte und sich deshalb für geisteskrank hielt. In panischem Schrecken kam er zu mir. Ich nahm einfach ein vierhundert Jahre altes Buch vom Gestell und zeigte ihm einen Holzschnitt, auf dem die gleiche Vision abgebildet war, die er auch gehabt hatte. ‚Sie brauchen sich nicht für geisteskrank zu halten', sagte ich zu ihm. ‚Schon vor vierhundert Jahren hat man Ihre Vision gekannt. Woraufhin er sich völlig erschöpft, aber wieder ganz normal, auf einen Stuhl sinken ließ."(22)

Der Holzschnitt, um den es sich handelte, zeigt ein gekröntes unbekleidetes Paar, der Mann auf einem Sonnensymbol, die Frau auf einer Mondsichel stehend, mit weiteren Einzelheiten, die für unser Thema weniger interessant sind. Wir erinnern uns an die Darstellung von Sonne und Mond als polares Symbolpaar auf der Arbeitstafel (Seite 28). Eine Unzahl ähnlicher Bilder finden wir in alchemistischen Schriften, die C. G. Jung in seinem Werk *Psychologie und Alchemie* (23) zusammengestellt und erläutert hat. Weitere freimaurerische Symbole mit polarer Auslegungsmöglichkeit sind Winkelmaß und Zirkel, die wir im Kapitel *Wege und Ziele* eingehend besprochen haben, sowie das musivische Pflaster und die beiden Säulen auf der Arbeitstafel.

Die Polarität als schöpferisches Prinzip beschreibt Jung u.a. in den Begriffen ,,Animus" und ,,Anima", den jeweils andersgeschlechtlichen psychischen Gegenpolen in jedem Menschen.(24) Die Darstellung des Polaritätsprinzips in Symbolen oder Riten finden wir in nahezu allen Mysterien.(25) In den Märchen kehrt es wieder in verwunschenen Prinzen und Prinzessinnen und vielen weiteren Varianten.(26)

Sonne und Licht spielen im Zusammenhang mit archetypischen Symbolen eine besondere Rolle.(27) Aus den menschlichen Träumen heraus, aus der Sehnsucht nach Er-Leuchtung, fanden sie einen beherrschenden Platz in den Mysterien und Religionen.

Ein archetypisches Symbol ist auch das Viereck. Es weist nach Aniela Jaffé *„auf das Erdhafte, auf Materie, Körper und Verwirklichung hin"* und kommt, wie die Psychoanalytikerin interessant aufzeigt, neben vielen anderen Symbolen unbewußt in der abstrakten Malerei ans Tageslicht.(28) In einem Kommentar zu dem uralten chinesischen Weisheitsbuch *I Ging,* den die Forschung auf das 6.Jahrhundert v. Chr. zurückführt(29), heißt es: *„Der Himmel hat als Symbol den Kreis, die Erde das rechtwinklige Quadrat."*(30) Als längliches Viereck ist dieses Symbol in die Freimaurerei eingegangen und ist hier in der gleichen Vielfalt auslegbar, wie wir in dem Gedicht *Bauplan des Lebens* (S. 29) darzulegen versuchten.

Nur die Zahlensymbole seien hier noch als Beispiel genannt, die spätestens seit den Pythagoreern mit Macht Einzug in die Mysterien hielten und heute in in der Freimaurerei eine so bedeutende Rolle spielen.

Alle diese genannten Symbole treten neben vielen anderen auch als Traumsymbole in den Untersuchungen C. G. Jungs immer wieder auf. Diese Formen der „Archetypen" kann man als Ausdruck der Ursehnsucht des Menschen nach Ergründung der ewigen Geheimnisse des Kosmos, nach Annäherung an das Göttliche deuten. Sie werden unbewußt aus der menschlichen Seele hinausprojiziert in Mythen und Mysterienspiele, in Symbole, Kulte und Rituale und werden dort sichtbar und greifbar, werden erlebbar gemacht. Durch diese Projektion unbewußter Vorgänge in das Bewußtsein entsteht, wie Jung und seine Mitarbeiter deutlich machen, ein Harmonisierungsprozeß, der den ganzen Menschen erfaßt und in gewisser Hinsicht mit der Wirkung vergleichbar ist, die bei der Betrachtung unzerstörter Natur in empfindungsfähigen Menschen hervorgerufen werden kann. C. G. Jung stellt diese Verbindung her, wenn er sagt: *,,Unsere Psyche ist ein Teil der Natur und ebenso unbegrenzt wie diese"*(31), und er erklärt die Wirkung von Symbolen im Sinne der ursprünglichen Bedeutung des Wortes (symballein = zusammenfügen), wenn er feststellt: *,,Die Symbole sind natürliche Versuche, Gegensätze innerhalb der Psyche miteinander zu versöhnen und zu vereinigen."*(32) Spätestens an dieser Stelle ist der Gedanke in den Raum zu stellen, ob dieses Innere der Seele, das wir im Ritual in das Sichtbare projizieren, nicht identisch ist mit dem Göttlichen über uns. Dann aber wird der zeitlose Sinn aller Rituale der Menschheit deutlich, nämlich, daß es dabei stets um die Herstellung der Verbindung zum Göttlichen geht; denn dieses ist die wahre Ursehnsucht des Menschen.

,,Wir lächeln über Mythen, über jene wundervollen Ahnungen der menschlichen Seele, und wissen nicht, wieviel näher der Wahrheit dieses Ahnen steht als unser sogenanntes Wissen, das bestenfalls ein geschicktes Gebrauchen vorhandener Kräfte bedeutet."(33)

Aus diesem Ahnen heraus wandeln die Freimaurer im Tempel mit dem Lauf der Sonne, wandern sie aus dem Dunkel zum Licht und wieder zum Dunkel wie aus dem Mutterschoß zum Tageslicht und wieder zurück zur Urmutter Erde. So wird jede Tempelarbeit zum immer wiederkehrenden Schöpfungsakt.

Nach diesen Feststellungen über das Wesen des freimaurerischen Rituals drängt sich allerdings die Frage auf, welche Beziehung die Aufrufe zu humanitärem Handeln in den Ritualen zu jenem Wesen haben, das doch primär nichts mit Moral zu tun hat; das kein Dogma kennt, welches etwa zu guten Werken verpflichtet. Warum enthält das Ritual Sätze wie: ,,*Menschenliebe, Toleranz und Brüderlichkeit sind der Mörtel des Tempelbaus*", oder: ,,*Wehret dem Unrecht, wo es sich zeigt!*"?

Betrachten wir das Hervorholen der unbewußten Ahnungen der menschlichen Seele in das Sichtbare genau, so stellen wir fest, daß dieses letztlich gleichzusetzen ist mit dem ,,Schau in dich!", das als Wahlspruch für den Freimaurerlehrling gilt. Wir lassen unser Inneres ja sichtbar werden im Symbol und in der rituellen Handlung. Der Prozeß der Individuation, der Selbstfindung, ist also untrennbar mit dem rituellen Geschehen verbunden. Dieses Sich-selbst-Finden wird für den ernsthaft Suchenden aber zu einer frappierenden Entdeckung: Er erkennt sich selbst als einen Fremden. Wäre diese Zweiheit, diese Polarität, nicht in uns angelegt, dann wären die Begriffe ,,Selbstfindung" und ,,Selbsterkenntnis" unsinnig. Dann gäbe es kein Zerstrittensein oder Uneinssein mit sich selbst. Hat man sich aber einmal gleichsam von außen betrachtet und als Fremden erkannt, dann tritt einem der wirklich Fremde, der Mitmensch, plötzlich als Bruder gegenüber. Er wird zum Verwandten, steht er doch dem eigenen auch als fremd erkannten Ich gar nicht mehr so fern. Dies ist nicht Folge eines Gebotes, sondern Wirkung des Rituals. Der Schritt zu Menschenliebe, Toleranz und Brüderlichkeit erscheint nunmehr nur noch klein und selbstverständlich, geschieht er doch einem nahen Verwandten gegenüber wie dem eigenen Ich. Die Göttin Demeter dankt den Eleusiniern für das Wiederfinden ihrer Tochter Persephone, indem sie dem König die erste Weizenähre schenkt.(34) Die Erdmutter findet einen Teil ihrer selbst, und daraus erwächst Fruchtbarkeit und Gedeihen. Das ist die Wirkung der Mysterien. Carl Schneider spricht von einer uralten Überzeugung in den Mysterien, ,,*daß nur aus der Umwandlung des Menschen durch die Mysterien die*

Menschenfreundlichkeit, die Humanität, die Philanthropie, ja sogar die Kultur und die Zivilisation entstehen kann und entstanden ist.'' (35)

Das Geheimnis der Wirkung des Rituals ist der Grund, weshalb die Freimaurerei kein Dogma, keine Gebote braucht. Die Aufforderung zu humanitärem Verhalten in den Ritualen ist nicht als Gebot, sondern bereits als Wirkung des rituellen Geschehens zu verstehen. Sie ist gewissermaßen der Drang, das Erlebte weiterzugeben, das Licht hinauszutragen in die Finsternis — nicht im Sinne einer Mission, sondern einfach als Ausstrahlung.

Und doch muß vor einem möglichen Irrtum gewarnt werden, den Herbert Kessler in einer freimaurerischen Schrift einmal wie folgt beschrieben hat:

,,Die Verwechslung oder Gleichsetzung des Esoterischen mit dem Magischen kann [...] dazu führen, daß einzelne oder ganze Gruppen von Freimaurern zu dem Fehlschluß gelangen, die Initiation bringe ‚automatisch‘, kraft irgendwelcher übernatürlicher Faktoren, ohne eigene Mitwirkung des Bruders das Wunder zustande, aus einem Mitglied einer Loge einen besseren Menschen zu machen.''(36)

Rituelle Betätigung verlangt die Bereitschaft zur Arbeit an sich selbst. Auch die Wirkung der Harmonisierung läßt sich nicht etwa durch psychologische Kenntnisse ,,hervorrufen''. Wer rituell arbeiten will, muß sich öffnen für das Angesprochen-Werden der Seele — nicht im Sinne einer schwärmerischen Romantik oder eines Mystizismus; davon ist in den Ritualen nichts zu finden — sondern einfach durch die Bereitschaft, das Seelische und Gemüthafte in uns als realen Teil unserer selbst anzuerkennen und zu pflegen.

Und noch eines: Wer das Ritual erkannt hat als sichtbaren Bestandteil seines Unbewußten, der wird auch warnen vor allen Versuchen einer unbehutsamen Reformierung desselben, etwa einer Anpassung an den Zeitgeist. Seine harmonisierende Wirkung auf den Menschen kann das freimaurerische Ritual nur bewahren, wenn die seit Urzeiten gewachsenen, d.h. archetypischen Elemente erhalten bleiben. Vielleicht hatte Goethe auch das freimaurerische Ritual im Auge, als er sagte:

„Wenn man das Treiben und Tun der Menschen seit Jahrtausenden erblickt, so lassen sich einige allgemeine Formeln erkennen, die je und immer eine Zauberkraft über ganze Nationen wie über die Einzelnen ausgeübt haben, und diese Formeln, ewig wiederkehrend, ewig unter tausend bunten Verbrämungen dieselben, sind die geheimnisvolle Mitgabe einer höhern Macht ins Leben. Wohl übersetzt sich jeder diese Formeln in die ihm eigentümliche Sprache, paßt sie auf mannigfache Weise seinen beengten individuellen Zuständen an und mischt dadurch oft so viel Unlauteres darunter, daß sie kaum mehr in ihrer ursprünglichen Bedeutung zu erkennen sind. Aber diese letztere taucht doch immer unversehens wieder auf, bald in diesem, bald in jenem Volke, und der aufmerksame Forscher setzt sich aus solchen Formeln eine Art Alphabet des Weltgeistes zusammen."(37)

Angesichts solcher Erkenntnisse ist es nicht übertrieben zu behaupten, daß der menschlichen Kultur im freimaurerischen Ritual ein ungeheurer Schatz geschenkt wurde. Ihn gilt es zu bewahren als Beitrag zum Frieden im Menschen selbst und im Zusammenleben der Menschen und Völker.

Anmerkungen

(1) Vgl.Böttner 1987, Dührsen 1987, Kelsch 1982, Möller 1971
(2) Vgl. Eliot 1976, Horneffer 1979, I Ging (S. 32 f.), Nevermann 1977, Scherpe 1978, Schneider 1979, Schönberger 1977
(3) Vgl. Böttner S. 49 f.
(4) Schneider, S. 20 ff.
(5) Endres 1978, S. 92
(6) Haase 1976, gesamtes Werk
(7) Vgl. Kranz, S. 34 f.sowie Iamblichos an zahlreichen Stellen
(8) Iamblichos, S. 167
(9) Vgl. Harrer, Kläy und *Musiktherapeuthische Umschau*
(10) Vgl. Schenkl
(11) Endres 1978, S. 15
(12) Nevermann 1977 sowie Burckhardt 1961, Bild 1
(13) Schwabe 1967
(14) Stöber 1981
(15) Eliade 1980, S. 31
(16) Vgl. Schneider 1979 und Horneffer 1979
(17) Jung 1979; darüber hinaus in *Psychiatrische Studien; Experimentelle Untersuchungen; Psychogenese der Geisteskrankheiten* und andere Schriften; alle Walter-Verlag, Olten
(18) Medizinisch trifft diese Erklärung nicht zu; die Bezeichnung rührt jedoch von dem Eindruck der zeitweiligen ,,Normalität'' des Kranken her.
(19) Jung 1979, S. 227 f.
(20) Jung 1979 an vielen Stellen
(21) Jung 1979, S. 107
(22) Jung 1979, S. 69
(23) Jung 1981
(24) Hierzu und zu weiteren Beispielen vgl. Jung 1979
(25) Vgl. u.a. Schneider 1979 und Horneffer 1979
(26) Beispiele in: Jung 1979
(27) Zahlreiche Beispiele in: Jung 1979
(28) Jung 1979, S. 249 u.a.
(29) Nevermann 1977
(30) I Ging 1978, S. 33
(31) Jung 1979, S. 23
(32) Jung 1979, S. 99
(33) Endres 1978. S. 17
(34) Schneider 1979, S. 18
(35) Schneider 1979, S. 12
(36) Kessler 1985, S. 73
(37) Goethe 1949, S. 33

Literatur

Böttner, Friedrich John: Die Gründung der Sozietät der Angenommenen Freimaurer von Hamburg im Jahre 1737 und das geistige und soziale Umfeld. In: Quatuor Coronati Jahrbuch 1987 (Nr.24). Gemeins. Veröfftl. der Frm. Forschungsgesellschaft e.V. und der Forschungsloge Quatuor Coronati, Bayreuth. Handschrift f. Brüder Freimaurer

Burckhardt, Erwin: Chinesische Steinabreibungen. München 1961

Dührsen, Heinrich: Über die Entstehung der Hiramslegende. Quatuor Coronati Jahrbuch 1987 (Nr.24)

Eliade, Mircea: Schmiede und Alchemisten. Stuttgart 1980

Eliot, Alexander: Mythen der Welt. Luzern und Frankfurt/Main 1976

Endres, Franz Carl: Das Geheimnis des Freimaurers. Hamburg 1978

Goethe: Gedenkausgabe der Werke, Briefe und Gespräche. Bd. 23. Zürich 1949

Haase, Rudolf: Der meßbare Einklang. Grundzüge einer empirischen Weltharmonik. Stuttgart 1976

Harrer, Gerhart (Hrsg.): Grundlagen der Musiktherapie und Musikpsychologie. Stuttgart 1982

Horneffer, August: Symbolik der Mysterienbünde. Schwarzenburg (Schweiz) 1979

Iamblichos: Pythagoras. Darmstadt 1985

I Ging – Das Buch der Wandlungen. Übertr. und hrsg. von R. Wilhelm. Düsseldorf/Köln 1978

Jung, C. G.: Der Mensch und seine Symbole. Olten 1979

Jung, C. G.: Psychologie und Alchemie. Olten 1981

Kelsch, Wolfgang: Der Salomonische Tempel – Realität – Mythos – Utopie. Quatuor Coronati Jahrbuch 1982 (Nr.19)

Kessler, Herbert: Der Schottische Ritus in Geschichte und Gegenwart. Heft 1. Eigenverl. d. DOR, Frankfurt/M. 1985. Manuskript f. Brr. Joh. Mstr.

Kläy, Walter: Mit Musik heilen. In: Neue Züricher Zeitung v. 18. 2. 87, Fernausgabe Nr.39, S. 37

Kranz, Walther: Die griechische Philosophie. München 1971

Möller, Dieter: Das älteste überlieferte maurerische Ritual. Quatuor Coronati-Hefte Nr.8. 1971

Musiktherapeutische Umschau. Gustav-Fischer-Verlag, Stuttgart

Nevermann, Hans: Maurerische Symbole im alten China. Quatuor Coronati Jahrbuch 1977 (Nr.14)

Schenkl, Rudolf: Musische Heiterkeit als Beitrag zur Humanität. In: ELEUSIS 4/78. Handschrift f. Brr. Freimaurer

Scherpe, Wolfgang: Das Unbekannte im Ritual. Braunschweig 1978. Handschrift f. Brr. Freimaurer

Schneider, Carl: Mysterien. Wesen und Wirkung der Einweihung. Hamburg 1979

Schönberger, Martin: Verborgener Schlüssel zum Leben. Weltformel I Ging im genetischen Code. Frankfurt/M. 1977

Schwabe, Julius: Arithmetische Tetraktys, Lambdoma und Pythagoras. In: Antaios, Bd. 7, Nr. 5, Jan. 1967, S. 421 ff.

Stöber, Otto: Drudenfuß-Monographie. Stadt-Verlag Neydharting 1981

Rosenblüte

Wann sah, du Rosenblüte, wann
mich je ein Blumenantlitz an,
als wenn in seiner Tiefe
geheimes Wissen schliefe?

Was ist der Grund, daß mir das Blut
erregt aus meinem Herzen dringt;
daß eine ahnungsvolle Glut
mich um die innre Ruhe bringt?

Der Blüten viel, die ich gesehn,
konnt' jede mich bisher erfreun.
Doch deine Form ist mehr als schön:
Ein ganzes Leben schließt sie ein.

O wunderbares Schöpferreich,
bist Rosenblütenblättern gleich.
Ich kann dich nicht beschreiben.
Sub rosa sollst du bleiben.

JOHANNISROSEN

Wer einmal einer freimaurerischen Trauerfeier beigewohnt hat, war vielleicht verwundert über eine bestimmte rituelle Handlung, die etwas Ergreifendes aber auch Geheimnisvolles an sich hat: Drei Brüder nähern sich mit je einer Rose dem Sarg des Verstorbenen. Die eine Rose ist rosa, die andere rot, die dritte weiß. Nun legt der erste Bruder seine Rose auf den Sarg dorthin, wo das Haupt des Verstorbenen ruht, und spricht: ,,Zu Haupt die sanft Erglühende''. Der zweite legt seine Rose mehr dem Fußende zu mit den Worten: ,,Die Dunkle niederwärts''. ,,Die Weiße, hold Erblühende, die leg ich Dir aufs Herz'' − spricht der dritte und legt seine Rose auf die entsprechende Stelle des Sarges.

Daß hier die brüderliche Verbundenheit zum Ausdruck kommen soll, leuchtet ein; die Rose als Liebesgabe an den Verstorbenen. Doch was bedeuten die Farben, und wie kam dieser Brauch in die Freimaurerei?

Zur Kulturgeschichte der Rose

Wenn es auch vorwiegend die *deutsche* Freimaurerei ist, in deren Brauchtum die Rose einen so bedeutenden Platz gefunden hat, so erklärt sich ihr Einzug in diesen Bund ganz allgemein doch aus Gebräuchen der Bauhütten des Mittelalters, wenn z.b. ein Bau zum Zeichen der Vollkommenheit mit einer Rose aus Erz oder Stein gekrönt wurde. Daß gerade die Rose auserkoren wurde, eine so bedeutende Rolle zu spielen, ist keine Erfindung der Bauhütten. Ihre bevorzugte Stellung unter den Blumen — auch bei Kulten, in Mythen und Legenden — ist bis in vorgeschichtliche Zeiten zurückzuverfolgen.

Die ersten Zeugnisse über die Existenz der Rose finden wir in Versteinerungen (1) aus dem Miozän, also etwa aus der Zeit vor 60–70 Millionen Jahren. Schon sehr früh hat der Mensch diese Blume in besonderem Maße liebgewonnen. Das mag an ihrem auffallenden Duft, vielleicht an ihrer leichten Züchtbarkeit, oder ganz einfach an der Art ihrer Schönheit gelegen haben, die ihn in besonderer Weise ansprach. Der Naturforscher Matthias Jakob Schleiden (1804–1881) — bekannt als Begründer der Zellentheorie der Organismen — vermutet, daß die Rose zuerst als Schmuck in das gewöhnliche Leben der Menschen Eingang gefunden hat (2) und erst später im religiösen Kultus verwendet worden ist.

Immerhin finden wir die Königin der Blumen als Grabbeigabe — auf Silbermünzen geprägt — bereits fünftausend vor Christus in den Tsudengräbern im Altai.(3) Spätestens seit

1500 v. Chr. sind die Zeugnisse unerschöpflich: Rosenwasser als übliche Gabe an die Götter Persiens (4); Aphrodite salbt den Körper des Hektor mit Rosenöl, wie uns die Ilias berichtet. Herodot beschreibt die Blumengärten des phrygischen Königs Midas aus dem 8. Jhd. v. Chr. mit folgenden Worten: „*Rosen blühen in wilder Fülle; ihr Duft ist süß und angenehm und dem jeder anderen Blume überlegen.*"(5) Plinius d.Ä. stellt im 1. Jhd. n. Chr. eine Liste von etwa dreißig Arzneimitteln zusammen, die aus der Rose gewonnen werden können (7) und die in ihrer Gesamtheit geradezu gegen jede Krankheit wirksam sein müßten. Im Mittelalter wurden sogar Konfitüren aus Rosenblüten hergestellt.

Die Dichter aller Zeiten haben der Rose ihre Referenz erwiesen. Wollte man eine Sammlung derjenigen Gedichte zusammenstellen, welche die Rose besingen oder als Vergleich gebrauchen, so würde diese Bände füllen.

Auch in zahllosen Legenden wird jener symbolreichen Blume in Ehrfurcht gedacht. Da gibt es eine Erzählung aus dem jüdischen Kulturkreis, welche berichtet, daß die allererste Rose im Paradiese blühte und den Garten „*mit ihrem süßen, alles durchdringenden Wohlgeruch erfüllte. Als erste entdeckte Eva die kleine, blasse, schüchterne Blume. Entzückt bückte sie sich und küßte sie leidenschaftlich. Unter ihren liebkosenden Lippen errötete die Rose verlegen und färbte sich rot.*"(7)

Die Farben

Hier hören wir das erste Mal etwas über die Farben, und es gibt wieder unzählige Legenden, die von der Färbung der ursprünglich weißen Rose in rot – meist durch das Blut eines Menschen oder eines Gottes – berichten. Überhaupt stehen weiß und rot bei alten Erzählungen über die Farbe der Rose im Vordergrund. Ganz selten hören wir einmal von einer gelben Rose. Tatsächlich scheinen die ersten Rosen allerdings rot gewesen zu sein, wie wir aus dem etymologischen Zusammenhang der Worte ,,Rot'' und ,,Rose'' mit all ihren indoeuropäischen Abwandlungen schließen dürfen.(8) Damit kommt jene Legende der Wahrheit am nächsten, welche berichtet, die erste Rose sei aus dem Blute des Gottes Adonis entstanden.

Das Symbol

Bevor wir uns den Farben unserer Johannisrosen zuwenden, sei noch ein Blick geworfen auf die symbolische Bedeutung der Rose im Wandel der Zeiten.(9) Unter den als Symbol verwendeten Pflanzen ist die Königin der Blumen die am häufigsten vorkommende. In der Antike der Aphrodite, römisch: Venus, geweiht, war sie ein Symbol der Liebe und Fruchtbarkeit, aber auch der Verehrung gegenüber den Toten. Bei ihren Ahnenfesten, den ,,Rosalien'', legten die Römer Rosen an den Gräbern ihrer Verstorbenen nieder.(10) Das mag zunächst nur als Ausdruck der über den Tod hinausreichenden Liebe erscheinen; wahrscheinlich spielt hier aber auch der Glaube an die mystische Kraft der Wiedergeburt hinein, welche man der Rose seit alters zusprach. Rosen dienten darüber hinaus zur Bekränzung des Dionysos, römisch: Bacchus, der ja sowohl ein Gott des überschäumenden Lebens als auch des Todes war. Die Festteilnehmer bei Trinkgelagen bekränzten sich zu seiner Ehre mit Rosengirlanden. Das soll allerdings auch aus dem ,,kühlen'' Grunde geschehen sein, daß man den Rosenblättern eine kühlende Wirkung auf das Gehirn zuschrieb. Einen kühlen Kopf beim Gelage zu behalten, bedeutete aber, daß man im Rausche nichts ausplauderte. Als Mahnung hierfür wurden oft auch Becher und Krüge mit Rosengirlanden umwunden. So wurde die Rose zum Symbol der Verschwiegenheit. Was man sich „sub rosa" anvertraut, darüber ist strengstes Stillschweigen zu bewahren. In dieser Bedeutung findet man die Rose in den Ornamenten alter Beichtstühle.

Nur am Rande sei auf die häufige Verwendung des Rosensymbols in der Alchemie und naturgemäß bei den Rosenkreuzern hingewiesen. Die Zuordnung der Rose zum Kreuz Christi findet sich aber bereits auf Katakombenbildern der ersten römischen Christen, sicher auch hier als Zeichen der Verschwiegenheit.

In zwiefacher Form taucht die Rose als Mariensymbol auf: Wir finden sie z.b. in gotischen Kreuzgängen, zunächst als Knospe in der Bedeutung der Jungfrau Maria, und wandeln wir weiter, wie es die Priester taten, so begegnet sie uns als geöffnete Blüte. Hier steht sie für die Gottesmutter. Die Verbindung Mariens mit der Rose kommt in zahlreichen Werken der Malerei sowie in Marienliedern zum Ausdruck. Häufig wird Maria mit einer Rosengirlande bekränzt dargestellt. Dieser „Rosenkranz" wurde dann in stilisierter Form zur Gebetsschnur. Seine Perlen werden mit den Blutstropfen aus Christi Wunden verglichen. Das Blut Christi, das vergossen wurde, um den Tod zu überwinden − ob hier älteste Überlieferungen unbewußt weitergetragen werden? War es doch die mystische Kraft der Rose, die schon in alten Initiationsriten, z.B. der Isisweihe, die symbolische Neugeburt, die Wandlung zum neuen Menschen, bewirkte.(11)

Goethe hat dieses Thema im Faust in sehr plastischer Weise aufgegriffen. Als der alte Magier endlich das mit Mephistopheles vereinbarte Wort ausspricht: *„Zum Augenblicke dürft ich sagen: ,Verweile doch, du bist so schön!'"*(12) und folglich entseelt niedersinkt, machen sich die Teufel sofort über ihre Beute her. Da tritt der Chor der Engel auf und streut singend Rosen über die ganze Szene. (13) Die Teufel werden konfus. Sie haben keine Macht mehr über den Verstorbenen. Mephistopheles befiehlt sie auf ihre Plätze:

„Was duckt und zuckt ihr? ist das Höllenbrauch?
So haltet stand und laßt sie streuen!"

Aber es hilft nichts. Die Rosen sind stärker, und Mephistopheles klagt:

„O Fluch! O Schande solchen Tröpfen!
Satane stehen auf den Köpfen,
Die Plumpen schlagen Rad auf Rad
Und stürzen ärschlings in die Hölle.
Gesegn euch das verdiente heiße Bad!
Ich aber bleib auf meiner Stelle. – "

Doch auch das gelingt ihm nicht. Die Rosen personifizieren sich, umtanzen und umgaukeln ihn, er findet Gefallen an ihnen, versucht sie zu erhaschen, bis sie endlich in einem günstigen Augenblick sich erheben und Faustens *„Unsterbliches"*, wie Goethe in der Regieanweisung schreibt, entführen.

In diesen köstlichen Versen gegen Ende des großen Faust-Dramas vermittelt uns Goethe die hohe, ja göttliche Bedeutung, die die Rose in der Kulturgeschichte immer wieder innehatte. So wurde sie bereits in der Antike als Symbol des Kosmos gesehen, der, wie die Bedeutung dieses griechischen Wortes zeigt, zugleich als Ordnung und Schmuck, als Inbegriff der Gesetzmäßigkeit und der Schönheit galt. Als solches Kosmossymbol begleitet uns die Rose in mittelalterlichen Miniaturen, oft stilisiert, oft auch als Pentagramm dargestellt, welches ja in die Blüte der Heckenrose harmonisch eingezeichnet werden kann. Als Pentagramm war die Rose Symbol der mittelalterlichen Bauhütten. Hier haben wir also eine unmittelbare Wurzel für ihren Platz im freimaurerischen Brauchtum. Als Fensterrose findet sie dann Eingang in die spätromanische Architektur, zunächst als Verzierung, in der Gotik aber als bewußtes Aufgreifen der kosmischen Einheit von Ordnung und Schönheit, wie wir aus Dokumenten der Schule von Chartres mit ihrer platonischen Philosophie wissen.(14) Die Gotik transponiert das Bild der Rose in die Struktur einer architektonischen Form. ,,*In der gotischen Fensterrose*'', so schreibt Otto von Simson in seinem Buch *Die gotische Kathedrale*, ,,*nehmen wir die reine Form der Geometrie als Schmuck war, begreifen wir Schönheit unmittelbar als vollkommene mathematische Gesetzmäßigkeit.*''(15)

Die drei Johannisrosen

Es ist nicht verwunderlich, daß eine so symbolträchtige Blume Eingang in einen Bund gefunden hat, dessen spezifische Arbeitsmethode auf Symbolik gründet. Es erstaunt uns nach den bisherigen Untersuchungen wohl auch nicht mehr, daß es die Farben rot und weiß sind, also die ursprüngliche Rosenfarbe und ihr häufigstes Gegenüber in den Mythen, welche diesem Symbol zugeordnet wurden. Dennoch finden wir in den Farbsymbolen rot und weiß in anderen Bereichen Bedeutungen, die uns die Reflexion mit unseren Johannisrosen erheblich zu bereichern vermögen. Auch hier können aus der unermeßlichen Literatur,(16) die sich mit der Farbsymbolik und besonders mit den Farben rot und weiß befaßt, nur einige wenige Beispiele herausgegriffen werden, die für unser Thema von besonderer Bedeutung sind:

Im alten Ägypten(17) – so zu sehen in den ägyptischen Totenbüchern – werden die Farben weiß und rot, die für Ober- und Unterägypten stehen, häufig verwendet, um die Vereinigung der Gegensätze im Tode darzustellen. Der Neophyt, der ,,neugeborene'' Tote, erscheint nach der Reinigung vor Osiris mit der Doppelkrone von Ober- und

Unterägypten, von Oben und Unten, von Haupt und Herz, von weiß und rot. Am Throne des Osiris ist das Symbol der Vereinigung, die weiße Lilie mit der roten Lotosblüte oder Rose angebracht. Manchmal sehen wir rechts und links vom Thron des Osiris je eine Säule oder auch Fahnenstange, umwickelt mit einem roten und einem weißen Band, der frühesten Hieroglyphe für Gott (!). Also auch wieder die Vereinigung der Polarität, ja, des männlichen und weiblichen Prinzips als Merkmal des Göttlichen.

Die Farben rot und weiß als Darstellung des männlichen und weiblichen Prinzips reichen vom Altertum, weiß = Mond = weiblich, rot = Sonne = männlich,(18) bis in ländliche Bräuche der Gegenwart. Wir finden heute noch auf Kirchweih- und anderen Festen unserer Dörfer Tanzformen, bei denen die Burschen an weißen und die Mädchen an roten Bändern um einen hochgehaltenen Kranz tanzen, im Wechsel Vereinigung und Trennung darstellend.(19) Daß hierbei das Rot dem weiblichen und das Weiß dem männlichen Prinzip zugeordnet werden, ist unmaßgeblich. Symbole sind wandelbar. Erhalten bleibt die Aussage der Polarität. Auch in dem chinesischen Symbol der Wandlung, dem Tai Gi, jener runden Scheibe, die, durch eine geschwungene Linie getrennt, aus einer hellen und einer dunklen Hälfte besteht und dort jeweils ihren Gegenpol in Form eines weißen bzw. schwarzen Punktes in sich trägt, auch dieses Symbol ordnet das Weiß dem Yang, also dem Männlichen, Lichten, Zeugenden, und das Dunkel dem Weiblichen, dem Empfangenden zu.

Die Polarität von Männlich und Weiblich wird in den Mysterien und in alchemistischen Schriften sehr häufig als Metapher für die Polarität von Geist und Materie benutzt: Materie, lat. mater, das Mütterliche, d.h. Irdische, also das materielle im Gegensatz zum geistigen, zeugenden Prinzip. Diese Zusammenhänge finden wir in der Farbsymbolik ältester Kulturen wieder, wenn im alten Ägypten die weiß-rote Doppelkrone nach der sogenannten Gottgeburt getragen wurde (20). Einen geheimnisvollen Hinweis birgt das Hohelied Salomos im Alten Testament.(21) Es heißt dort: *„Mein Freund ist weiß und rot, auserkoren unter vielen Tausenden. [...] Mein Freund ist mein [...], der unter den Rosen weidet."* Es gibt alchemistische Schriften, in denen die beiden Stoffe, die in der chymischen Hochzeit vereinigt werden sollen, als rot und weiß beschrieben werden.(22)

Der Evangelist Johannes fordert für den Eingang ins Himmelreich die Wiedergeburt aus Wasser und Geist(23), eine Aussage, die wiederum eine Zuordnung zu den Farben weiß = Wasser und rot = Geist = Sonne zuläßt. Von hier aus führt ein unmittelbarer Weg zu einem uralten kultischen Brauch, der vielleicht erst in diesem Zusammenhang richtig verständlich wird: Es ist das mystische Mahl, das sich bis in unsere Tage hinein erhalten hat, u.a. im heiligen Abendmahl bzw. der Kommunion der christlichen Kirchen. Hier wird die Vereinigung von rot und weiß, von Wein und Brot, von Geist und Materie, also vom Göttlichen mit dem Irdischen in uns selbst vollzogen. Auch hier kann man das Weiß dem Weine = Wasser = Geist und das Rot dem Brot = Fleisch = Erde zuordnen. Der Wunsch nach Vervollkommnung, nach der Einswerdung mit dem Göttlichen als nie endendes Ziel des menschlichen Strebens findet in der kultischen Handlung der körperlichen Aufnahme jener beiden Urprinzipien seine ergreifendste Ausprägung.

* * *

Wir wandern zwischen weiß und rot – über uns das Weiß des Geistes, um nun diese Zuordnung zu wählen, und unter uns das Rot der Materie, des Leibes, des Blutes. Unser Wandern – unser Wandeln! – ist „das Zwischen" zwischen weiß und rot, also das Rosa. Deshalb: *,,Zu Haupt die sanft Erglühende''.* Dort ist der Sitz der Ratio, des Verstandes, der um das Geistige über sich und das Materielle unter sich weiß und in diesem Wissen weiß und rot in sich vereinigt. Das ergibt rosa. *,,Die Dunkle niederwärts''.* Sie deutet hin auf unser irdisches Verhaftet-Sein, auf unsere Körperlichkeit, die uns eigen ist, solange wir über diesen Planeten wandern. Aber: *,,Die Weiße, hold Erblühende, die leg ich Dir aufs Herz''* – das Herz als Sitz der Seele, also des geistigen, ja göttlichen Prinzips in uns, ist eine seit ältester Zeit weit verbreitete Auffassung. Die heute viel gebrauchte Deutung der drei Johannisrosen als ,,Licht, Liebe, Leben'' nach dem Wahlspruch Johann Gottfried Herders kommt der aufgezeigten polaren Auslegung durchaus nahe: Licht als geistiges Prinzip und Symbol der Gottheit, Liebe als das leidenschaftliche, irdische, gebärende Prinzip und schließlich das Leben als Wanderung zwischen diesen beiden Welten.

So verstanden können uns die drei Johannisrosen die ganze Wahrheit von Leben und Schöpfung – und damit auch vom Sterben als Teil des Ganzen, als Wandlungsprozeß zwischen der ewigen Dynamik von Geist und Materie – nahebringen. Wir leben, solange wir atmen, im Spannungsfeld zwischen diesen beiden Polen, die uns das Leben gaben. Die Atmung selbst ist ein anschauliches Symbol dieses Prozesses: Wir leben durch Einatmen der Luft – *,,Anhauch des Ewigen'',* heißt es in einem Ritual, Symbol des Geistigen – und nach deren physikalischer Umwandlung zum ,,Brennstoff'' für den Stoffwechsel, also einer sehr irdischen Sache, durch Ausatmen des Verbrauchten, durch Wegdrücken jenes Hauches. Unser unbewußtes und vielfach auch bewußtes Streben ist die Harmonisierung des Verhältnisses jener beiden Pole. Nicht umsonst spielen Atemübungen in vielen Meditationsformen eine so wesentliche Rolle.

Freimaurer legen die drei Rosen in den Farben rosa, rot und weiß auf den Sarg des geliebten Bruders, wenn sie ihn aus der Kette der Hände entlassen. So wie diese Rosen, zum Strauß gebunden, die Vereinigung der Urpole des Göttlichen und Irdischen versinnbildlichen, so hat der Verstorbene die Welt der Polarität überwunden. Drei Rosen gleicher Farben empfangen den Neophyten bei seiner feierlichen Aufnahme in den Bund der Freimaurer. Und am Johannisfest, dem höchsten Fest dieses Bruderbundes, schmücken sich die Brüder selbst mit den Johannisrosen. So begleitet die Königin der Blumen den Freimaurer in dieser symbolhaften Zusammensetzung bei der Ausübung der Königlichen Kunst durch sein ganzes Maurerleben.

Dieser ehrwürdige Brauch ist ein sichtbares Zeichen edlen Strebens und als solches eine würdige Gabe an den Neophyten, ein Trost am Grabe des Bruders und ein weises Gedenken an die Vergänglichkeit alles Irdischen in der Stunde der Freude beim Johannisfest.

Anmerkungen

(1) Goor, S. 9 f.
(2) Schleiden, S. 12
(3) Schleiden, S. 15
(4) Das folgende nach Goor, S. 32
(5) Zitiert nach Goor, S. 21
(6) Goor, S. 85
(7) Goor, S. 23 f.
(8) Goor, S. 19
(9) Das folgende nach Lurker und Herder
(10) Horneffer, S. 32

(11) Lennhoff/Posner: Stichwort ,,Rose'' sowie Horneffer, S. 33
(12) Faust II, V. 11581 f.
(13) V. 11690 ff.
(14) v. Simson, S. 307
(15) v. Simson, S. 308
(16) Hier besonders: Prosch-Brückl
(17) Vergl. Klein 1982, S. 26
(18) Lurker: Stichwort ,,weiß''
(19) Schulfunk NDR 3 am 1.2.85
(20) Nach Dee 1982, S. 115
(21) Hoheslied 5/10 und 6/3
(22) Vgl. Biedermann 1973, S. 427 f. u. Jung 1981, S. 102
(23) Johannes 3/5

Literatur

Biedermann, Hans: Lexikon der magischen Künste. Graz 1973
Dee, John: Die Monas-Hieroglyphe. Interlaken 1982
Goor, Asaf: Die Geschichte der Rose im heiligen Land. Wien 1983
Herder-Lexikon Symbole. Freiburg 1978
Horneffer, August: Das Brauchtum der Freimaurer. Die Blaue Reihe, Heft Nr. 1. Hamburg 1954
Jung, C. G.: Psychologie und Alchemie. Olten/Freiburg 1981
Klein, Agnes und Reinhold: Das Spielzeug des Dionysos. Von Osiris über Sokrates zur Nachfolge Christi. Verlag Sokrates, Mannheim 1982
Lennhoff, Eugen Posner, Oskar: Internationales Freimaurer-Lexikon. Wien 1932; Nachdruck Welsermühl 1975
Lurker, Manfred (Hrsg.): Wörterbuch der Symbolik. Stuttgart 1983
Prosch-Brückl, Ingeborg: Farbsymbolik. Stuttgart 1988
Schleiden, Matthias J.: Die Rose – Geschichte und Symbolik in ethnographischer und kulturhistorischer Beziehung. Leipzig 1873; Nachdruck Moos 1976
Simson, Otto von: Die gotische Kathedrale. Darmstadt 1982

Johannisrosen

Drei Rosen, gebunden zu einem Strauß,
sie sagen so vieles, so Tiefes aus;
denn ihre Farben, weiß, rosa und rot,
durchschreiten die Grenzen von Leben und Tod.

Das Oben und Unten ist ihnen vertraut.
Sie haben das Ganze der Schöpfung erschaut.
Ihr Rosen, dreieinig in meiner Hand,
seid mir Offenbarung, seid Hermes verwandt.

Das glühende Rot ist die Leidenschaft
der irdischen Liebe, des Leibes Kraft,
Symbol meines Weges durch Raum und Zeit:
hier Anfang, dort Ende – Vergänglichkeit.

Das strahlende Weiß gegenüber verheißt
mir Spirituelles, unsterblichen Geist.
Mit dieser Farbe ist auch, wie mir scheint,
der ewige Wohnsitz der Seele gemeint.

Du rosa Blüte, dein sanftes Erglühn
verweist auf den Weg, den wir Menschen ziehn:
vom Rot der Materie zum Geiste, zum Licht.
Das ist es, was mir deine Farbe verspricht.

Drei Rosen, gebunden zu einem Strauß,
ihr sprecht die uralte Hermetik aus,
vermittelt ein Ahnen vom Wesen der Welt.
Wer hat euch so weise zusammengestellt?

DAS SCHWEIGEN

Daß die Freimaurer kein geheimes Wissen von höheren Dingen hüten, dürfte aus dem bisher Dargelegten klar geworden sein. Daß aber das Schweigen einerseits eine Tugend ist, die einen Menschen vertrauenswürdig macht, und andererseits aus dem Erleben des Unaussprechlichen erwächst, soll hier noch einmal vertieft werden.

Natürlich kannte nicht jeder einfache Steinmetz die esoterischen Zusammenhänge der Schlüsselfiguren, d. h. deren kosmische Bezüge. Den Meistern dürfen wir das aber unterstellen, verlangte doch bereits der römische Architekturtheoretiker Vitruv um die Zeitenwende vom Baumeister *„Kenntnisse in der Sternkunde und vom gesetzmäßigen Ablauf der Himmelserscheinungen"*.(1) Die schrittweise Einweihung nach Graden findet hier ihre ganz natürliche Begründung. Da die Baumeister in den Bauhütten des Mittelalters nicht von Anfang an eine gesonderte Ausbildung genossen, wie das heute für den Architekten der Fall ist, sondern auf Grund ihrer hervorragenden Fähigkeiten ausgewählt wurden, war jeder Steinmetz ein potentieller Baumeister, der, wenn er nach Höherem strebte, sich auch um die geistigen Hintergründe seines Handwerks bemühen und somit auch die Tugend des Schweigens beherrschen mußte. Schließlich unterstand er auch dem erzieherischen Einfluß seines Meisters, der ein Meister auch dieser Tugend war. So ging das Bewußtsein von der Schweigsamkeit als Tugend in die späteren Freimaurerlogen über.

Dort hat es sich nicht nur in der Zeit der Aufklärung bewährt, wo freie Gedanken ohne Angst vor Verfolgung im vertrauten Kreise geäußert und erörtert werden konnten und dadurch zu reifen vermochten, es bewährt sich täglich in einem Kreise, der sich als Bruderschaft versteht und in dem man sich folglich dem Bruder gegenüber in einer Weise öffnet, die im profanen Leben undenkbar ist. Ein solches Verhalten ist nur in einer Atmosphäre des Vertrauens möglich. Deshalb ist die Loge auch eine Übungsstätte des Schweigens. Keinen anderen Zweck haben heute die geheimen Erkennungszeichen der Freimaurer: Zeichen, Wort und Griff, die ebenfalls aus dem Bauhüttenbrauchtum auf sie überkommen sind. Für die Alten waren sie ein Ausweis, daß der wandernde Geselle wirklich zur Bruderschaft gehörte und sich nicht als Außenstehender die Vorteile ihrer Gemeinschaft erschleichen konnte. Wir erinnern uns an den Grundsatz der gegenseitigen Unterstützung im Krankheitsfall oder der Versorgung der Hinterbliebenen. Noch heute wird in manchen Logen vom ,,Säckel der Witwe'' gesprochen, wenn für wohltätige Zwecke gesammelt wird. Die geheimen Erkennungszeichen sind übrigens in zahlreichen sogenannten Verräterschriften immer wieder aufgedeckt worden. Das hat der Freimaurerei nicht geschadet. Wenn der Freimaurer über diese Äußerlichkeit dennoch schweigt, so nur, um seine Fähigkeit des Schweigenkönnens und damit seine Vertrauenswürdigkeit unter Beweis zu stellen.

Vielleicht verdient auch der Gedanke Beachtung, was es für den Neuaufgenommenen bedeutet, in die Geheimnisse einer Gemeinschaft eingeweiht zu werden. Mögen diese noch so äußerlich sein. Wenn es sich um Dinge handelt, die man vor Außenstehenden verschweigt, dann wird demjenigen, dem man sie nach seiner Aufnahme in den Bund enthüllt, besonders deutlich und ergreifend bewußt, daß er nun voll und ganz zu dieser Gemeinschaft gehört und daß man ihm Vertrauen entgegenbringt. So werden äußere Erkennungszeichen zu Symbolen der Zusammengehörigkeit und des Vertrauens.

Trotz dieser Erklärungsversuche wird der eine oder andere Leser sich wundern, daß die Symbolerfahrung hier immer wieder als seelisch ergreifend dargestellt wird. Er wird dieses Gefühl der Ergriffenheit nicht nachvollziehen können. Das ist nur allzu verständlich. Wenn der Nichteingeweihte Teile eines freimaurerischen Rituals am Fernsehschirm erlebt, wird er kaum von dem Gezeigten ergriffen werden; im Gegenteil, es könnte sogar lächerlich auf ihn wirken. Ein Grund mehr für die Freimaurer, ihre Rituale nicht der Öffentlichkeit preiszugeben.

Wie ist das aber mit dem Eingeweiht-Sein? Warum wirkt jenes Geschehen auf den Eingeweihten nicht auch lächerlich? Warum bedeutet es ihm so viel?

Nehmen wir ein Liebespaar, das seine Ferien am Meeresstrand verbringt. Die beiden schlendern Hand in Hand am Wasser entlang. Sie sind überglücklich. Alles scheint verklärt und nur für sie beide geschaffen. Da entdecken sie zu ihren Füßen einen Kieselstein von besonderer Schönheit. Aus den leuchtenden Farben und Formen kann man beliebige Phantasiegestalten herauslesen. Ein kleines Wunder der Natur, dieser Stein. Sie nehmen ihn mit nach Hause, und nach Rückkehr aus den Ferien erhält er einen würdigen Platz auf der Kommode. Manchmal, wenn der Blick zufällig auf dieses Erinnerungsstück fällt, oder in Stunden der Muße beim bewußten Betrachten, wird in den beiden jenes Gefühl des unsagbaren Glücks wieder wach werden, das sie damals am Strand erfüllte. In diesem Glück fühlten sie sich innig verbunden. Vielleicht kann dieser Stein in Phasen der Dissonanz sogar wieder zur Harmonie beitragen; denn es war doch einmal so schön. Er ist zum Symbol geworden, das mehr aussagt, als Worte es vermögen; das auch Kraft und Harmonie vermitteln kann. Vielleicht wird er eines Tages zum Symbol für die Vergänglichkeit des irdischen Glücks. Auch dann spricht er mehr, als man mit Worten ausdrücken könnte.

Aber das alles gilt eben nur für den ,,Eingeweihten''. Jenes Liebespaar mag seinen besten Freunden noch so viel von ihrem Erlebnis erzählen und, warum dieser Stein nun auf der Kommode liegt. Auch bei bestem Willen und Einfühlungsvermögen wird der Gastfreund die Gefühle der Eingeweihten nicht nachvollziehen können. Für ihn bleibt jenes Symbol ein schöner Stein. Wie ist das bei Vorführungen der Urlaubsdias vor Freunden? Die ,,Ahs" und ,,Das war doch . . ." kommen doch nur von den Dabeigewesenen. Bei ihnen werden jene Stimmungen wieder wach, die sie damals in den Ferien beflügelten und beglückten. Der Gast kann nur wohlwollend und verständnisvoll die Schönheit der Aufnahmen bezeugen.

Und noch etwas zum Schweigen: Wenn das Erlebnis ein besonders ergreifendes oder intimes war, so schweigen die Betroffenen nicht nur aus dem Bewußtsein, daß das Erlebte nicht mitteilbar ist, sondern weil dieses einfach den Mund verschließt. Es verschlägt uns die Sprache, sagt der Volksmund. Das wußten schon die Alten; denn in dem Wort Mysterium ist der Stamm des griechischen Wortes ,,my-ein" enthalten, welches soviel bedeutet wie verschließen von Augen, Ohren und Mund. Im Mysterium schaut man nach innen, um sich selbst zu erkennen; man lauscht nach innen, um die innere Stimme zu vernehmen und − man schweigt. Ist es nicht jedem empfindungsfähigen Menschen schon einmal so ergangen, daß ihm das Aussprechen einer tiefen Empfindung wie eine Entweihung von etwas Heiligem vorgekommen wäre? Aus dieser Sicht ist es verständlich, wenn der Freimaurerbund gelegentlich als der letzte noch bestehende Mysterienbund bezeichnet wird.

Das Lauschen auf die Stimme der Schöpfung und des Geistes bewirkt nicht nur im einzelnen Menschen etwas, es verbindet auch Menschen unterschiedlichster Herkunft und Weltanschauung zu der ,,*Religion, in der alle Menschen übereinstimmen*".(2) So begegnen sich Juden, Araber und

Christen in den Freimaurerlogen der Krisengebiete in und um Israel in vollkommener Ungezwungenheit und brüderlicher Liebe, ohne ihren Glauben zu verleugnen — Freimaurerei, eine Chance für den Frieden.

Die Gedanken über das Schweigen sollen nicht abgeschlossen werden, ohne noch eine ganz vordergründige Ursache zu erwähnen, warum Freimaurer ihr Ritual als Ganzes nicht offenlegen: In der Villa dei Misteri in Pompeji sind Wandgemälde erhalten, auf denen eine Knabenweihe, also ein Initiationsritus zur Aufnahme von Knaben in den Kreis der zeugungsfähigen Männer dargestellt ist.(3) Auf dem entscheidenden Bild, auf welchem dem Mysten das Geheimnis offenbart wird, sieht man, wie dieser eine silberne Schale hält und in diese hineinblickt. Sie dient offensichtlich als Spiegel. Hinter ihm hält ein Gehilfe des Mystagogen eine Silenosmaske — Sinnbild des Vaters, des zeugungsfähigen Mannes — so in die Höhe, daß der Myste statt seines Spiegelbildes in der Schale jenes Vaterbild erblickt. Der Knabe meint also, sich selbst zu sehen, und erkennt sich als einen jener reifen Männer, die ihn bis jetzt geleitet haben und zu denen er nun also gehört — eine Belehrung, nicht mit Worten, sondern über das Erlebnis, mit Hilfe des Mysterienspiels. Sicher ein stärkerer Eindruck, als wenn dem jungen Mann mit Handschlag die Aufnahme in den Kreis der Männer mitgeteilt würde. Es dürfte einleuchten, daß ein vorheriges Ausplaudern dessen, was bei der Einweihung geschieht, die Wirkung zunichte machen würde.

Die feierliche Einweihung eines Suchenden zum Freimaurer und später in die höheren Grade geschieht nach der gleichen Methode. Sie ist eine symbolische Wanderung durch das Leben und durch diese Schöpfung mit ihren Geheimnissen und ihrer Erhabenheit, die sie auch heute noch für uns aufgeklärte Menschen bereithält; Geheimnisse, die demjenigen viel zu sagen vermögen, der sich ihnen aufschließt und nach innen zu hören und zu schauen bereit ist. So ist Freimaurerei eine Hilfe, bewußter und feinsinniger zu leben – und schweigen zu lernen.

Anmerkungen

(1) Vitruv: Zehn Bücher über Architektur. Erstes Buch, erstes Kapitel: Die Ausbildung des Baumeisters. S. 25
(2) Aus den *Alten Pflichten* der Freimaurer von 1723
(3) Das folgende nach Karl Kerényi: Humanistische Seelenforschung. München/Wien 1978. S. 350 f. – Die Deutung Kerényis ist umstritten, sie ist jedoch zur Erläuterung der Einweihungsmethode der Mysterienbünde und damit auch der Freimaurerei gut geeignet.

Schau in dich
Schau um dich
Schau über dich

I
Suchst Frieden du in deinem Leben,
schau in dich, Lehrling, such ihn hier!
Kannst du mit dir in Frieden leben,
strahlt er für andre aus von dir.

II
Willst du den Frieden weiterschenken,
schau um dich, du Geselle, schau;
darfst munter deine Kelle schwenken,
findst Risse du im Großen Bau.

III
Und willst du darin Meister werden,
schau über dich, schau hin zum Licht!
Von dort kommt alles Glück der Erden.
Vergiß nur ,,in dich, um dich" nicht!

WARUM KEINE FRAUEN?

Um es gleich vorwegzunehmen: Es gibt Frauenlogen und gemischte Logen. Sie arbeiten nach derselben Methode und mit gleichen oder ähnlichen Ritualen wie die traditionelle Freimaurerei. Von Frauenlogen wird bereits seit Ende des 18. Jahrhunderts gesprochen. Womit bewiesen wäre, daß Frauen auch Freimaurer sein können. Warum also halten die weitaus zahlreicheren Männerlogen an ihrem alten Prinzip fest, keine Frauen aufzunehmen?

Der nahtlose und sehr allmähliche Übergang von den Dombauhütten des Mittelalters zu den Freimaurerlogen hat es mit sich gebracht, daß diese sich nur aus Männern zusammensetzten. Es gab eben keine weiblichen Steinmetzen. Nun kann man ganz vordergründig fragen: welche Veranlassung sollte eine Gruppe von Männern haben, die sich in einer historisch gewachsenen Gemeinschaft regelmäßig zusammenfindet und nach überkommenen Methoden in bewährter Weise arbeitet, Frauen aufzunehmen? Welche Veranlassung sollte ein Damenzirkel haben, der sich aus einem Freundinnenkreis entwickelt hat, Männer aufzunehmen? Wenn die Gruppe sich in ihrer Zusammensetzung wohlfühlt, sollte man ihr zugestehen, in dieser Zusammensetzung bestehenzubleiben, ohne spitzfindige oder auch kluge Begründungen hierfür zu fordern.

Im Falle der Freimaurerlogen kommen allerdings noch weitere Gesichtspunkte hinzu: Die Arbeitsmethode der Freimaurer, ihre Symbole und Rituale haben sich über Jahrhunderte in Männergesellschaften entwickelt. Sie sind daher zwangsläufig auf die männliche Psyche abgestimmt, aus der sie hervorgegangen sind. In einem gewachsenen weiblichen Mysterienbund hätten sich mit absoluter Sicherheit andere rituelle Formen herausgebildet als sie der Freimaurerei eigen sind.

Der Vorwurf, die Freimaurerei bilde sich ein, nur Männer könnten die Gesellschaft verändern, die Freimaurerei habe gewissermaßen die Humanität gepachtet, geht von falschen Schlußfolgerungen aus; denn die Arbeit an der freimaurerischen Zielsetzung, über die Grenzen der Staaten hinweg in Eintracht mit allen Menschen zu leben, findet ja nicht in der Loge statt, sondern am Arbeitsplatz, in der Familie, im Freundeskreis und wo immer der Freimaurer sich auswirken kann. Diese Arbeit geschieht gemeinsam mit den Kollegen und Kolleginnen, den Ehefrauen und Lebensgefährtinnen und eben allen Menschen, die solche Ziele teilen. In diesem Zusammenhang sollte die abgeschlossene Loge als Erziehungsgemeinschaft, oder besser als Gemeinschaft der Selbsterziehung gesehen werden. Daß die Erziehungsmethoden auf die Psyche der zu Erziehenden abgestimmt sein müssen, dürfte einleuchten. Und wenn diese Erziehungsarbeit im brüderlichen Gespräch vertieft wird, so ist eine geschlechtlich homogene Zusammensetzung durchaus zweckmäßig, weil der Mann eben Ritual und Symbolik nicht in derselben Weise empfindet wie die Frau. Der Mann öffnet sich auch im Bruderkreis mehr als in Gegenwart von Frauen. Man denke vielleicht auch an Eheprobleme, in denen ein Bruder Hilfe sucht. Männer verhalten sich in Gegenwart von Frauen auch anders. Die Gefahr des Spielens einer Rolle ist weitaus größer als im homogenen Kreis. So bringt der uralte und liebenswerte Gott Eros eine Ablenkung, welche die spezifische Arbeitsmethode stören würde. Das ist nicht Schuld der Frauen; eher noch der Männer. In Wahrheit handelt es sich aber um ein Urgesetz, das uns alle belebt und anregt. Aber darf diese Schwingung nicht auch einmal ,,außen vor'' bleiben, wenn sich dadurch erfahrungsgemäß erfolgreicher arbeiten läßt?

Wer sich über diese Ablenkung erhaben fühlt, mag gemischte Logen vorziehen. Jede Mitgliederversammlung des eingetragenen Vereins „Loge" kann diesen auflösen oder zu einer gemischten Loge umorganisieren. Die Mitgliederversammlung ist das oberste gesetzgebende Organ eines Vereins. Niemand kann sie also an einem solchen Schritt hindern, wenn die satzungsgemäße Mehrheit vorhanden ist. Selbstverständlich scheidet dieser Verein dann aus seiner Großloge aus, die ja einen Männerbund vertritt. Daß dies bisher noch nicht geschehen ist und daß es andererseits verhältnismäßig wenige gemischte und Frauenlogen gibt, zeigt, daß sich die männliche Tradition in der Freimaurerei bewährt hat und daß die Frauen im allgemeinen gar nicht in diese Gemeinschaft drängen.

Auch die antiken Mysterien und Initiationsbünde waren in der weitaus überwiegenden Mehrheit Männergesellschaften. Woran liegt das? Hierzu hat Johann Gottfried Herder in seinem Gespräch *über den Zweck der Freimaurerei, wie sie von außen erscheint*(1) etwas sehr Interessantes gesagt: Den Frauen, so Herder, habe die Natur in der menschlichen Gesellschaft *„ihre liebsten Keime, ihre schönsten Schätze anvertraut"*. Der Mann gehöre durch Beruf und Stand der bürgerlichen Gesellschaft, dem Staat. Sich zu behaupten, müsse er fortgesetzt Rücksicht üben, sich der konventionellen Lebensart unterwerfen, die Blick und Herz verenge. Darum werde ihm *„eine kleine Losschüttelung dieser Bande, eine Erweiterung des Gesichtskreises über seine enge Berufssphäre unentbehrlich"*, und sie werde ihm *„Erholung und Wohltat"*. – "*Die täglichen Lebensfesseln abgelegt"*, sei er in der Loge nur Mensch unter Menschen. Er finde *„also ein Paradies"*, das *„jede Edle"* des weiblichen Geschlechts von Natur besitze. Die Frau besitze eine größere Elastizität und Seelenfreiheit, und darum sei sie eine geborene Freimaurerin. Soweit Herder. Vielleicht ist es richtig festzustellen, daß wir Männer es einfach nötiger haben, unser Gemüt zu bilden, als die Frauen, deren Gemütskräfte von Natur aus stärker angelegt sind. Von der Gemütsarmut zur Gefühlskälte ist nur ein kurzer Weg. Wir Männer sind gefährdeter. Schließlich sind wir auch in der Statistik der Gewaltverbrechen in der Überzahl. Es dürfte bedeutsam sein, daß in der Aufklärung, die doch so stark von der Bedeutung der Ratio erfüllt war, die meisten großen Männer Freimaurer waren, also einer Gemeinschaft angehörten, in der das esoterische Element gleichberechtigt neben der Ausbildung des eigenständigen Denkens gepflegt wurde.

Übrigens ist es mit dem Ausschluß der Frauen aus der Freimaurerei gar nicht so weit her. Wenn eine Loge ein humanitäres Projekt betreut, so sind hierbei die Frauen und Lebensgefährtinnen der Freimaurer oft ebenso, ja manchmal noch mehr engagiert als die Brüder. Es gibt Logen, die Frauenhäusern (!) mit Rat und Tat zur Seite stehen, es werden Kontakte zu SOS-Kinderdörfern gehalten — das sind Projekte (unter vielen anderen), in denen gerade die Frauen ein besonderes Betätigungsfeld finden.

Bei den meisten Logen nehmen die Frauen auch am sonstigen Logenleben regen Anteil. Neben geselligen Veranstaltungen finden gemeinsame Vortragsabende statt, bei denen auch Projekte der Logen besprochen werden. Und um das Maß voll zu machen, begehen die meisten Logen einmal im Jahr eine Tempelfeier mit Schwestern, auch Schwesternfest genannt, wobei die Ehefrauen und Lebensgefährtinnen gemeinsam mit den Brüdern im Tempel ein Ritual erleben, das ihnen den Charakter freimaurerischen Arbeitens sowie dessen Geist nahebringt. Goethe hat für eine solche Gelegenheit — das Stiftungs- und Amalienfest seiner Loge „Amalia" am 24. Oktober 1820 — einen *Gegentoast der Schwestern* verfaßt, der etwas von der Stimmung seiner Zeit in bezug auf die Frage „Frauen und Freimaurerei" erkennen läßt:

Unser Dank, und wenn auch trutzig,
Grüßend alle lieben Gäste,
Mache keinen Frohen stutzig:
Denn wir feiern eure Feste.

Sollten aber wir, die Frauen,
Dankbar solche Brüder preisen,
Die, ins Innere zu schauen,
Immer uns zur Seite weisen?

Doch Amalien, der hehren,
Die auch euch verklärt erscheinet,
Sprechend, singend ihr zu Ehren
Sind wir doch mit euch vereinet.

Und indem wir eure Lieder
Denken keineswegs zu stören,
Fragen alle sich die Brüder,
Was sie ohne Schwestern wären?

Gelegentlich wird der Verdacht erhoben, die Freimaurerei gehöre zu jenen Männerbünden, die sich im öffentlichen und im Geschäftsleben die einflußreichen Posten zuschieben. Hierbei sei die Kontrolle durch Frauen als Mitglieder abträglich. Dieser Vorwurf entspringt einer völligen Unkenntnis freimaurerischer Zielsetzung. Die sogenannte ,,Geschäftsmaurerei'' ist bei den Freimaurern verpönt. Sie widerspricht den ,,Alten Pflichten'' von 1723, die auf der ganzen Erde dieselben sind. Hier einige Auszüge:

>,,*Der Maurer ist als Maurer verpflichtet, dem Sittengesetz zu gehorchen [...]. Sie [die Maurer] sollen also gute und redliche Männer sein, von Ehre und Anstand, ohne Rücksicht auf ihr Bekenntnis oder darauf, welche Über-*

zeugungen sie sonst vertreten mögen. So wird die Freimaurerei zu einer Stätte der Einigung und zu einem Mittel, wahre Freundschaft unter Menschen zu stiften, die einander sonst ständig fremd geblieben wären. [...] Der Maurer ist ein friedliebender Bürger des Staates, wo er auch wohne und arbeite. Er darf sich nie in einen Aufstand gegen den Frieden oder gegen das Wohl seiner Nation verwickeln lassen und sich auch nicht pflichtwidrig gegenüber nachgeordneten Behörden verhalten."(2)

Gegen Ende jeder rituellen Arbeit hört der Freimaurer die Worte: ,,*Wehret dem Unrecht, wo es sich zeigt!*" Ein Freimaurer, der einem Bewerber einen Posten verschaffen würde, obwohl weitere mit gleicher oder höherer Qualifikation vorhanden sind, würde gegen seine maurerischen Pflichten verstoßen. Würde ihm eine solche Verhaltensweise nachgewiesen, müßte er mit einem Ehrengerichtsverfahren rechnen. Es soll nicht verschwiegen werden, daß es in der Freimaurerei der Geschichte und Gegenwart immer auch Fehlentwicklungen und Versagen gegeben hat. Alles Menschenwerk ist unvollkommen. Aber das Grundgesetz, unter dem dieser Bund angetreten ist, läßt eine organisierte ,,Seilschaft" oder ,,Vetterleswirtschaft" nicht zu. An vielen Stellen der freimaurerischen Rituale taucht die Warnung vor der Versuchung durch Macht, äußere Ehre und Eitelkeit auf, und alle Rituale laufen auf das Streben nach sittlicher Vervollkommnung hinaus. Bei aller Unvollkommenheit der praktischen Umsetzung solcher hohen Ziele ist diese Gemeinschaft dennoch erhaben über Vorwürfe, sie verschaffe ihren Mitgliedern äußere Vorteile durch Beziehungen und Manipulationen.

Anmerkungen

(1) Nach Hans Maschmann: Johann Gottfried Herder und seine freimaurerische Sendung. Akazien Verlag, Hamburg 1953, S. 49 ff.

(2) Zitiert nach der Ausgabe des Bauhütten Verlages, 6.Auflage, Hamburg 1976.

Am großen Bau

*Öffne weit dein Herz dem Licht,
der du geistig baust!
Du verlierst den Bauplan nicht,
wenn du jenem traust,*

*das, verborgen im Symbol,
ostwärts aufersteht,
und auch dann nicht weichen soll,
wenn's im West vergeht.*

*Lege so den Winkel an,
recht, am Großen Bau,
daß er stets sich öffnen kann
deiner Innenschau.*

*Sorge auch, daß er gewendet
hin zum Zirkelschlag,
wo der Weltbaumeister spendet
Kraft für jeden Tag.*

DIE ,,GEHEIMEN OBEREN''

Kürzlich kam ich mit einem jungen Steinmetzen auf die Freimaurerei zu sprechen. Auf Grund seines Berufes hatte er ,,eigentlich recht großes Interesse'' an diesem Bund; denn er hatte viel darüber gelesen und somit die Herkunft der Freimaurerei aus dem Steinmetzgewerbe erkannt. Aber ihn störte, wie er mir sagte, ,,die Sache mit den geheimen Oberen''.

Wenige Wochen später stellte mir in einem literarischen Arbeitskreis ein gebildeter Herr mittleren Alters die Frage: ,,Wer sind die Oberen?'' Auch er kannte jene Gerüchte von unbekannten Oberen, von einer Weltverschwörung von Juden, Jesuiten und Freimaurern in vielen Varianten.

In Deutschland trugen vor allem der General des Ersten Weltkrieges, Erich Ludendorf, und seine Frau Mathilde zu schlimmsten Verdächtigungen bei, wie z.b. der Ermordung Schillers, Lessings und Mozarts durch Freimaurer. Nun werden solche Schauermärchen heute von keinem gebildeten Menschen mehr ernst genommen; aber eine geheime Verschwörung zur wirtschaftlichen Ausbeutung wäre ja immerhin denkbar, etwa durch unbekannte Obere, welche die Fäden in der Hand halten und dann natürlich auch für Kriege verantwortlich sind.

Wer also sind die ,,Oberen'' in der Freimaurerei? Beginnen wir mit einer Loge in unserem Land am Beispiel der Großloge der Alten Freien und Angenommenen Maurer von Deutschland: Die Loge ist ein rechtsfähiger Verein, der in das Vereinsregister eingetragen ist, d.h. der Vorstand ist den zuständigen Behörden namentlich bekannt. Er wird entsprechend der Satzung der Loge in freier und geheimer Wahl von den Mitgliedern gewählt. Die Satzung wird von der Loge selbst erarbeitet und nach demokratischem Prinzip verabschiedet. Sie muß dem Vereinsgesetz entsprechen und von der Behörde genehmigt sein. Nach dem gleichen Verfahren wählen die Vorsitzenden der Logen den Vorstand der Distriktsloge (etwa Länderebene) sowie der Großloge. Die Gesetze der Großloge — die Freimaurerische Ordnung — werden auf dem Großlogentag, der Hauptversammlung des Vereins ,,Großloge'', nach parlamentarischen Grundsätzen von den Vorsitzenden der Logen verabschiedet.

Es gibt in Deutschland noch vier weitere Großlogen:
— die Große Landesloge der Freimaurer von Deutschland, die bei ihren Mitgliedern das Bekenntnis zum christlichen Glauben voraussetzt und Ordens-Charakter besitzt,
— die Große National-Mutterloge ,,Zu den drei Weltkugeln'', die von Friedrich dem Großen eingesetzt wurde,
— die American Canadian Grand Lodge und
— die Grand Lodge of British Freemasons in Germany.

Die letzteren beiden sind aus den nach dem Zweiten Weltkrieg in Deutschland stationierten Soldaten hervorgegangen. Die Großloge der Alten Freien und Angenommenen Maurer von Deutschland ist die weitaus größte Großloge in Deutschland. In ihr hat sich die Mehrheit der vor dem Zweiten Weltkrieg bestehenden deutschen Großlogen zusammengeschlossen.

Diese fünf Großlogen haben als Dachorganisation die ,,Vereinigten Großlogen von Deutschland'' ins Leben gerufen, um sich in den internationalen Beziehungen einheitlich repräsentieren zu können. Der Großmeister der Vereinigten Großlogen und sein Senat werden nach demokratischen Grundsätzen von den Mitgliedsgroßlogen gewählt. Damit ist die höchste organisatorische Ebene der Freimaurer in Deutschland erreicht. Im Ausland entspricht das Verfahren dem dort geltenden Recht. Unbekannte Obere gibt es nirgends. Es gibt auch keine länderübergreifende freimaurerische Organisation. Die Freimaurerei als Weltbund existiert lediglich der Idee nach sowie hinsichtlich der brüderlichen Beziehungen der Großlogen, der Logen und ihrer Mitglieder untereinander, nicht aber als Organisation. Daran ändert auch das Anerkennungsverhältnis aller sogenannten ,,regulären'' Großlogen mit der ersten Großloge der Welt, der Vereinigten Großloge von England, nichts. Diese Großlogen wollen mit dem freiwilligen Anerkennungsverhältnis lediglich deutlich machen, daß sie in der Tradition der mittelalterlichen Dombauhütten stehen. Dies ist in erster Linie als Schutzfunktion zu verstehen, da die Begriffe ,,Freimaurer'' und ,,Loge'' nicht gesetzlich geschützt sind und somit jede andere Organisation sich diese Namen zu eigen machen kann, auch wenn sie ganz andere Ziele verfolgt. Bei denjenigen Großlogen, die von der Vereinigten Großloge von England als regulär anerkannt sind, hat der Interessent die Garantie, daß es sich um Männerlogen handelt, die keine parteipolitischen oder konfessionellen Ziele verfolgen, sondern sich ausschließlich der Selbstvervollkommnung ihrer Mitglieder und der weltweiten Humanität verschrieben haben. Andernfalls würde ihnen die Anerkennung entzogen.

Das heißt nicht, daß alle diejenigen freimaurerischen Organisationen, die nicht von der Vereinigten Großloge von England als regulär anerkannt sind, wie z.B. gemischte oder Frauenlogen, keine echten Freimaurer sein könnten. Wenn sie nach freimaurerischen Ritualen arbeiten und ausschließlich freimaurerischen Zielen dienen, kann ihnen niemand absprechen, Freimaurer zu sein.

Ein Weisungsrecht der Vereinigten Großloge von England ist mit dem Anerkennungsverhältnis nicht verbunden. Ein solches gibt es auch nicht von seiten einer Großloge ihren Mitgliedslogen gegenüber, soweit diese die Freimaurerische Ordnung einhalten, welche ja von ihnen mitverabschiedet wurde. Daß die Vereinsvorsitzenden keinerlei ,,Befehlsgewalt" in irgendeiner Hinsicht besitzen, ergibt sich aus dem Vereinsrecht sowie der demokratischen Struktur der Freimaurerei.

Woher rührt aber das hartnäckige Gerücht von den geheimen Oberen in diesem Bund? Wurde es wirklich von seinen Gegnern nur aus der Luft gegriffen? Das ist leider nicht der Fall. Um keine Mißverständnisse aufkommen zu lassen, sei vorweg gesagt: geheime Obere hat es in der Freimaurerei nie gegeben. Aber es gab in der zweiten Hälfte des 18. Jahrhunderts eine romantisierende Überschwemmung der deutschen Freimaurerei durch die sogenannte Strikte Observanz. Diese Organisation verstand sich als Nachfolgerin des im Jahre 1314 durch Philipp den Schönen von Frankreich vernichteten Templerordens. Um sich über die Inhaltslosigkeit jener Ritterspielerei hinwegzutäuschen, berief man sich auf einen unbekannten Oberen, der die Beweise für die Herkunft des Systems in der Hand halte und auch sonst in besonderer Weise erleuchtet sei. Man vertröstete die Mitglieder auf die Eröffnung des Geheimnisses in höheren Graden. Das ging eine Zeitlang gut, bis dieses Spiel mit Neugier und Eitelkeit nach etwa zwanzig Jahren wie ein Kartenhaus in sich zusammenbrach. Es lief der über Jahrhunderte in den Bauhütten gewachsenen Geisteshaltung so zuwider, daß es nicht von Dauer sein konnte. Schon der Name ,,Strikte Observanz", also soviel wie ,,unbedingter Gehorsam", ließ sich mit jener Geisteshaltung nicht vereinbaren, die von je her eine demokratische war.

Dennoch war der angerichtete Schaden groß. Abgesehen von dem Wasser auf die Mühlen der Gegner, hatten diese Irrwege die Bruderschaft von ihren eigentlichen Zielen abgelenkt.

Andererseits regten gerade die Mißstände die großen Geister jener Zeit zu Werken an, die für die Freimaurerei äußerst wertvoll geworden sind. Gotthold Ephraim Lessing, der nach seiner Aufnahme keine Loge mehr besuchte, schrieb *Ernst und Falk – Gespräche für Freimaurer,* ein Werk, das den geistigen Gehalt der Freimaurerei in zeitloser Aktualität vermittelt; in die gleiche Kategorie gehört Johann Gottlieb Fichtes *Philosophie eines Freimaurers – Briefe an Konstant.* Johann Gottfried Herder nahm maßgeblichen Einfluß auf die Rückführung des Rituals auf das alte Brauchtum, und Goethe schenkte seinem Bund unsterbliche Gedichte wie *Verschwiegenheit* und *Symbolum.*

Fassen wir zusammen: Wer aus den Zielen und Wegen der Freimaurerei die Geisteshaltung erkannt hat, die diesen Bund seit seinem Bestehen durchdringt und erhält, für den beantwortet sich die Frage nach geheimen oder auch nur befehlenden Oberen von selbst. Nur *,,freie Männer von gutem Ruf''* nehmen die Freimaurer in ihre Bruderschaft auf.(*) Das gilt für die gesamte reguläre Freimaurerei. In den ersten Konstitutionen der Freimaurer war festgelegt, daß nur frei Geborene (free born) aufgenommen werden können, d. h. keine Sklaven. Der Freimaurer sollte über sich selbst und sein Handeln entscheiden können. Nach Abschaffung der Sklaverei wurde dieser Grundsatz umgeändert in ,,free man''.

Heute versteht man in der Freimaurerei unter dem ,,freien Mann'' denjenigen, der fähig ist, sich seine Meinung selbst zu bilden; der keine fremde Ansicht ungeprüft übernimmt und damit einen Standpunkt vertritt, den er auch begründen kann. Deshalb sind diejenigen Gläubigen der Religionsgemeinschaften, welche Freimaurer sind, oftmals die aktiveren Mitglieder ihrer Gemeinden, weil sie sich ihrer Religion bewußt zuwenden und das jeweilige Gedankengut zu verarbei-

(*) Vgl. Seite 8

ten suchen. Wer nach dem Motto lebt: ,,sage mir mal meine Meinung'', eignet sich nicht zum Freimaurer. Wer irgendwelchen ,,Meistern'' oder ,,Gurus'' nachläuft, die ihre Jünger abhängig machen — wovon auch immer — wird keinen geistigen Zugang zur Freimaurerei haben. Diese Gemeinschaft freier Männer von gutem Ruf unterscheidet sich grundlegend von jeder Organisation, die ihren Mitgliedern vorschreibt, was sie als richtig oder falsch anzusehen haben. Gegen eine solche Entmündigung würde sich jeder Freimaurer wehren. Hier liegt die entscheidende Ursache für das Verbot der Freimaurerei in totalitären Staaten.

Eine Gemeinschaft, die sich dadurch auszeichnet, daß ihre Mitglieder durch den Gebrauch ihres Verstandes, durch Ausbildung ihrer Gemütskräfte und mit Hilfe des brüderlichen Gesprächs an der Entfaltung ihrer Persönlichkeit in ihrem einmaligen So-Sein, d.h. ihrem einmaligen Wert, arbeiten, veträgt keine geheimen Oberen.

Toast auf die Bruderschaft

Unsre Bruderschaft soll leben,
leben unser Freundschaftsbund,
der uns Brüder hat gegeben
übers ganze Erdenrund,

der am Tempel heißt uns bauen,
an dem Dom der Menschlichkeit,
der uns Brüder läßt vertrauen
auf das Gute dieser Zeit;

der uns in des Tempels Stille
Frieden, Kraft und Freundschaft schenkt,
der uns hilft, daß unser Wille
auf das Edle wird gelenkt.

Diesem Bund des MEISTERS Segen,
daß es eines Tags vielleicht
Maurerbrüder doch vermögen,
daß, soweit die Erde reicht,

unser ehrliches Bestreben
werde allen Menschen kund.
Unsre Bruderschaft soll leben,
leben unser Freundschaftsbund!

DIE WÜRDE DES MENSCHEN – AUFGABE UND CHANCE FÜR DIE FREIMAUREREI

Thema verfehlt? Das vorliegende Buch behandelt die *Esoterik* der Freimaurer. Da Esoterik, soll sie sinnvoll sein, kein Selbstzweck sein darf, sondern wie auch alle Philosophie sich auf die Lebenshaltung und -gestaltung, auf die Lebensbewältigung auswirken muß, wollen wir in diesem Kapitel einen Bezug herstellen zwischen freimaurerischer Esoterik und der Grundsatzfrage des menschlichen Zusammenlebens, welche ja Hauptanliegen der freimaurerischen Exoterik, also der Außenarbeit ist.

„Außenarbeit" sagt bereits, daß es hier nicht *den* Freimaurer geben kann, sondern daß sich hier ein Mensch mit seinen spezifischen Anlagen, Fähigkeiten und Ansichten zu Wort meldet, der sich bemüht, mit Hilfe der freimaurerischen „Innenarbeit" – der Esoterik – diese seine Anlagen zu entwickeln und die ihm gemäßen Ansichten zu erlangen. Die nachfolgende Erörterung darf also nicht als Auffassung *der* Freimaurer verstanden werden! Sie ist das Bemühen *eines* Freimaurers, die behandelten Fragen auf die ihm gemäße Weise anzugehen.

Zur Aktualität

„Die Würde des Menschen ist unantastbar. Sie zu achten und zu schützen ist Verpflichtung aller staatlichen Gewalt." – so beginnt der erste Artikel der Verfassung der Bundesrepublik Deutschland. Ist also die Menschenwürde überhaupt noch ein Thema in einem Staat, der ihre Achtung und ihren Schutz zur obersten Norm seines Verfassungsrechts gemacht hat?

Zunächst gilt es, die Frage zu beantworten, was wir unter dem Begriff Menschenwürde verstehen. Gibt es überhaupt ein gemeinsames gleiches oder ähnliches Verständnis davon unter den Menschen wenigstens unseres Kulturkreises? Danach wird zu prüfen sein, inwieweit die Menschenwürde – vielleicht auch in unserem Staat – gefährdet ist. Und schließlich wollen wir versuchen, Wege zu ihrer Achtung und ihrem Schutz zu finden. Dabei wird uns die Frage beschäftigen, was die Freimaurerei hierzu beitragen kann.

Zum Begriff der Menschenwürde

Der Begriff der Menschenwürde gehört, wie von Fachleuten immer wieder festgestellt wird, zu den gegenwärtig am häufigsten gebrauchten und auch mißbrauchten Begriffen.(1) Von der Sicherheitspolitik – z.b. der Hochrüstung der Supermächte – über den fälschungssicheren Personalausweis, von der Raster- oder Schleppnetzfahndung über die Volkszählung und von der extrakorporalen Befruchtung über die Gentechnologie bis hin zur Forderung nach einem menschenwürdigen Sterben – bei all diesen Auseinandersetzungen wird der Begriff der Menschenwürde in die Diskussion gebracht. Ja selbst bei der Frage über die Zulässigkeit oder Unzulässigkeit eines bestimmten Haarschnitts für die Soldaten der Bundeswehr wurde einst die Menschenwürde bemüht.

Nun wird in einschlägigen Untersuchungen durchaus eingeräumt, daß der nichtinterpretierte Begriff der Würde zu verschiedenartigen Auslegungen führen mußte. Die Schöpfer des Grundgesetzes wählten dieses dem Verfassungstext vorangestellte Bekenntnis als Reaktion auf die menschenverachtende Diktatur des ,,Dritten Reiches''. Sie wollten die Achtung des Menschen als Basis aller anderen Werte aufgefaßt wissen. Es sollte ein Maßstab gesetzt werden, an dem alle staatliche Macht ihre Handlungsweise auszurichten hat.

In der Fachliteratur wird da und dort unterschieden zwischen der *Menschenwürde* und der *individuellen Würde der jeweiligen Persönlichkeit.* Die Menschenwürde betrifft danach

> *„die Würde des Menschen als Gattungswesen. Sie wird mit dem Menschen geboren und ist jedem zu eigen. Niemand kann sie verlieren, wie immer er sich verhält. Die Würde in diesem Sinne kann keinem genommen werden. Sie verlangt Achtung und Respekt in allen Beziehungen der Menschen untereinander. Jeder besitzt sie, ohne Rücksicht auf seine Eigenschaften, seine Leistungen und seinen sozialen Status. Auch durch ,,unwürdiges" Verhalten geht sie nicht verloren. Sie ist auch dem Geisteskranken und dem Verbrecher eigen. In diesem Sinne bleibt sie also ,,unantastbar". ,,Antastbar" ist der Achtungsanspruch, der sich aus der allgemeinen Menschenwürde in diesem Sinne ergibt. Ihn soll Artikel 1, Absatz I des Grundgesetzes schützen, der keine bloße Zustandsbeschreibung (,,ist unantastbar") sondern eine Forderung enthält.*
>
> *Von der Menschenwürde in diesem Sinne ist grundsätzlich zu unterscheiden die individuelle Würde der Persönlichkeit. Diese Feststellung scheint um so notwendiger, als im Sprachgebrauch meist nicht die notwendige klare Trennung gemacht wird. Die persönliche Würde in diesem Sinn ist keine angeborene Eigenschaft des Menschen, sie entspricht vielmehr dem, was der Mensch aus sich macht. Dem Menschen als Individuum ist seine weitere Entwicklung zur Persönlichkeit auf- und anheimgegeben. Sie erfolgt durch Erziehung und Erfahrung. Individuelle Würde entwickelt sich mit zunehmenden Pflichten und der Bewältigung des eigenen Schicksals. In diesem Sinne kann der*

Mensch Würde erwerben und verlieren. Sie legt ihm Pflichten in seiner Lebensführung und seinem mitmenschlichen Verhalten auf, sie gibt ihm Überzeugungskraft und Ausstrahlung auf andere."(2)

Werfen wir einen Blick auf die historische Entwicklung des Begriffes und seine Deutung: Bereits die antike griechische Philosophie beschreibt den Menschen als autonomes Individuum im Spannungsfeld von Staat und Gesellschaft. Platon und Aristoteles sehen in ihm ein vernunftbegabtes Wesen, das seine Erfüllung in der Teilhabe am Staat findet. Als Maßstab für die politische Ordnung wird das natürliche Recht gesetzt, das sich aus dem Wesen des Menschen ergibt. Das positive, d.h. vom Menschen geschaffene Recht, wurde dem natürlichen Recht gleichgesetzt, was auch zur Folge hatte, daß daraus die Ungleichheit der Menschen abgeleitet und die Sklaverei gerechtfertigt wurde.

Ab dem dritten Jahrhundert v. Chr. allerdings lehrt die Philosophie der Stoa die Freiheit und Gleichheit aller Menschen auf Grund ihrer Natur; sie setzt sich aber nicht mit der Praxis der Sklaverei auseinander.

Im Christentum finden wir dann eine weitere Steigerung in der Auffassung vom Menschen. Die Lehre, daß Gott den Menschen nach seinem Ebenbilde geschaffen hat − dieser also göttlichen Ursprungs ist − schließt die grundsätzliche Freiheit und Gleichheit aller Menschen ein. Darüber hinaus wirkt sich die Menschwerdung des Gottessohnes sowie dessen Leiden und Sterben für die Menschheit in besonderem Maße auf die Vorstellung von der Würde des Menschen aus.

Wie bei den Stoikern finden wir allerdings auch im christlichen Gedankengut die Vorstellung von zwei Reichen, dem des Guten und dem des Bösen. Der Mensch ist von Gott abgefallen (Sündenfall). Seine Staaten entsprechen nicht dem Ideal des Gottesstaates. Das bedeutet, daß seine aus der

Gotteskindschaft erwachsenden Rechte sich während seines Erdenlebens auch nicht voll auswirken können. Diese Auffassung von der Ungleichheit der Menschen im Diesseits ist sicher mitverantwortlich dafür, daß auch unter dem Christentum als Staatsreligion bis weit in die Neuzeit hinein nur verhältnismäßig wenig Menschen wirklich persönliche Freiheit genossen.

Im 15. Jahrhundert besann sich die geistige Bewegung des Humanismus auf die Bildungswerte des klassischen Altertums, deren Wiedergeburt (Renaissance) und Weiterentwicklung in freiem, vernunftgemäßen Denken eine höhere Form der Menschlichkeit herbeiführen sollte. Auch aus dieser Bewegung sollten noch manche Umwege zur Befreiung des einzelnen aus staatlich-religiöser Bevormundung führen. Das neue diesseitsgerichtete Denken begünstigte die Geburt des modernen Machtstaates, dessen totalitäre Grundzüge Machiavelli in seiner Lehre von der Staatsraison aufgezeigt hat.

Die Willkür absolutistischer Herrscher brachte es mit sich, daß die Staatsphilosophie mit Hilfe des Naturrechts mehr und mehr die Rechte des Individuums betonte. Das Spannungsverhältnis zwischen Staat, Gesellschaft und Individuum wurde durch zwei Vertragstheorien erklärt: den Herrschafts- und den Gesellschaftsvertrag. Beide Theorien gehen davon aus, daß die Menschen bis zur Gründung des ersten Gemeinwesens alle in gleicher Weise frei waren und erst dann ihre Rechte einem Herrscher oder der Gesellschaft übertragen haben. Aber auch diese Sichtweise zog Theorien nach sich, die ihre ursprüngliche Zielrichtung ins Gegenteil verkehrten. Es sei hier nur an Thomas Hobbes erinnert, der im 17. Jahrhundert den Menschen in seinem Naturzustande mit einem Wolf verglich. Würde man ihm seine angeborenen Freiheiten überlassen, müsse dies zwangsläufig zu einem *„Krieg aller gegen alle"* führen. Deshalb sei es zu seinem eigenen Schutze lebensnotwendig, alle Rechte unter Verzicht auf deren Rücknahme einem Herrscher zu übertragen. Damit war der Absolutismus gerechtfertigt.

Erst die Philosophie der Aufklärung erhebt sich über das Naturrecht und formuliert eine allgemeine Menschenrechtslehre. Kant spricht von der Befreiung des Menschen aus seiner selbstverschuldeten Unmündigkeit. Die Philosophen John Locke und Jean Jaques Rousseau vertreten in ihren berühmten Werken *Two Treatises on Government* (1690) und *Du contrat social* (1762) die Auffassung, das Gemeinwesen beruhe in erster Linie auf einer freien Vereinbarung der Menschen zu einer Gemeinschaft: einem Gesellschaftsvertrag. Diesen Gedanken liegt die Lehre von der Volkssouveränität zu Grunde, die das Recht mit einschließt, den Herrschaftsvertrag aufzukündigen, wenn der Herrscher sich nicht an die Vertragsbedingungen hält und über Leben und Freiheit der ihm anvertrauten Menschen Gewalt ausübt.

Der doch sehr theoretische Gedanke einer Aufkündigung des Herrschaftsvertrages veranlaßte Charles Montesquieu, die Freiheit des einzelnen in den Mittelpunkt seiner Überlegungen zu stellen. Sein epochemachendes Werk *De l'esprit des lois (Vom Geist der Gesetze,* 1748) stellt als Lösung das Prinzip der Gewaltenteilung vor: die Übertragung von Exekutive, Legislative und Judikative auf voneinander unabhängige Staatsorgane mit gegenseitigem Gleichgewicht. Dieses Prinzip ist bis heute der wichtigste Garant für die Sicherung der bürgerlichen Grundfreiheiten geblieben. Die Philosophie der Aufklärung hat der Menschenrechtsidee zum entscheidenden Durchbruch verholfen.

Wenn wir bisher die Begriffe ,,Menschenrechte" und ,,Menschenwürde" nur unscharf gegeneinander abgegrenzt haben, so darf dies mit der Feststellung eines Kommentars zum Grundgesetz gerechtfertigt werden:

,,Das Bekenntnis zu den unverletzlichen und unveräußerlichen Menschenrechten (Artikel 1, Absatz II GG) ist eine Folge der Verfassungsentscheidung für die Würde des Menschen [...]. Die Menschenrechte sind eine Funktion der Menschenwürde."(3)

Wir wollen den geschichtlichen Rückblick abschließen mit zwei heute gängigen Definitionen des Begriffs ,,Menschenwürde":

,,Die Menschenwürde kann nur verstanden werden als die elementare Sicherung der Existenzbedingungen des Menschen in seiner Welt. Sie enthält keinen Zauberschlüssel für die Regelung mitmenschlichen Zusammenlebens. Aus ihr kann nicht wie aus einem naturrechtlichen Leitsatz abgeleitet werden, was konkrete politische Entscheidungen verlangen".(1)

,,Die Würde des Menschen besteht darin, daß der Mensch als geistig-sittliches Wesen von Natur darauf angelegt ist, in Selbstbewußtsein und Freiheit sich selbst zu bestimmen, sich zu gestalten und sich in der Umwelt auszuwirken. [...] Zum Wesen der Menschenwürde gehört die Gewährung eines ,,Innenraumes", in den der Mensch sich zurückziehen kann, über den der einzelne ungestört verfügen kann."(4)

Zur Gefährdung der Menschenwürde

Wie steht es nun mit der Gefährdung der Menschenwürde in unserer Zeit? Die Verfassungen der freien Völker wachen über deren Schutz und Achtung, Menschenrechtsorganisationen erheben weltweit ihre Stimme und die Organisation der Vereinten Nationen verbindet Staaten unterschiedlichster Gesellschaftsordnungen miteinander.

Wir wollen uns nicht lange aufhalten mit der Betrachtung totalitärer Staatssysteme, in denen die Einheitspartei bestimmt, was recht zu sein hat, und damit den Bürger entmündigt und seiner Würde beraubt. Daß Menschenwürde immer etwas mit Freiheit und freier Entscheidung, mit dem Gebrauch der Vernunft zu tun hat, wurde in unserem historischen Rückblick und den verschiedenen Definitionen ausreichend deutlich.

Auch in unserer Gesellschaftsordnung ist die Menschenwürde gefährdet, ist der einzelne ständig aufgefordert, sie für sich und seine Mitmenschen zu wahren und zu verteidigen. Diese Behauptung mag zunächst übertrieben klingen. Sie findet ihre Begründung aber in menschlichen Grundanlagen. Beobachtet man eine Gruppe von Kindern beim Spiel, so stellt man immer wieder das gleiche fest: gegenseitiges Herabsetzen und Kränken, Unterwerfen der Mitspielenden unter das eigene Kommando, Stören des Anderen und Zerstören seiner Sandburg oder seines Spielzeugs sowie Tätlichkeiten, die durchaus den Anderen körperlich verletzen sollen. Kein Wunder, daß sich diese wohl angeborenen Eigenschaften des Machthungers und der Aggression später fortsetzen im Geschäftsleben und in der Politik. Der Mensch neigt einfach dazu, andere sich unterwerfen zu wollen; er will Macht ausüben, Einfluß haben, ja, manchmal auch andere quälen, wie uns auch unsere Kinder lehren können.

Diese Erkenntnis sollte uns nicht auf die Lehre Thomas Hobbes zurückfallen lassen. Das Vertrauen in die menschliche Vernunft, welche die Kinder ja erst erwerben müssen, kann zu Konsequenzen führen, denen wir uns später noch zuwenden wollen. Doch wird die Menschenwürde auch dann aufs Spiel gesetzt, wenn man die Augen vor den Realitäten menschlicher Veranlagung verschließt.

Obwohl die Charta der Vereinten Nationen die Pflicht, Wert und Würde der menschlichen Persönlichkeit zu achten, an ihren Anfang stellt, berichtete eine Kommission von Amnesty International, daß zwei Drittel der UN-Mitglieder Menschenrechte verletzten.(5) Aus einer Untersuchung der UN-Menschenrechtskommission geht hervor, daß mit der zunehmenden formalen Anerkennung der Menschenrechte eine eher größer werdende Anzahl von Menschenrechtsverletzungen Hand in Hand geht.(5) Auf Beispiele kann hier verzichtet werden. Wir sehen und hören sie täglich in den Medien in einer Intensität, welche die Menschenwürde durch unsere Gewöhnung an Greueltaten zusätzlich gefährdet.

Nichts Bessers weiß ich mir an Sonn- und Feiertagen
Als ein Gespräch von Krieg und Kriegsgeschrei,
Wenn hinten, weit, in der Türkei,
Die Völker aufeinanderschlagen.
Man steht am Fenster, trinkt sein Gläschen aus
Und sieht den Fluß hinab die bunten Schiffe gleiten;
Dann kehrt man abends froh nach Haus
Und segnet Fried und Friedenszeiten.

So läßt Goethe im *Faust* die Bürger während ihres Osterspaziergangs sprechen.(6) Heute liefert uns das Fernsehen Greueltaten von allen Enden der Welt in konzentrierter Form frei Haus an den gemütlichen Sessel zu Bier und Knabbermischung.

Innerhalb der Spannweite vom Kinderspiel bis zur großen Politik gehen Gefährdungen für die Menschenwürde in nahezu allen Bereichen unseres Lebens aus. In Ehe und Familie spielen sich Tragödien ab, die bei weitem nicht alle vor den Richter kommen. Die Kindesmißhandlungen und die Berichte der Frauenhäuser sind nur die augenfälligsten unter ihnen. Im Berufsleben schafft die Technisierung durch Einsparung von Arbeitsplätzen und Reduzierung schöpferischer Mitarbeit auf wenige, immer gleich ablaufende Handgriffe zusätzliche Gefahren. Die freie Entfaltung der Persönlichkeit kann hierdurch beeinträchtigt werden, wenn der Betroffene nicht mit Phantasie und Charakterstärke für persönlichen Ausgleich sorgt. Die Gefahren für Menschheit und Menschenwürde, welche die Möglichkeiten der Gentechnologie in verantwortungslosen Händen mit sich bringen können, grenzen heute schon an jene der Überrüstung. Wohlgemerkt, in verantwortungslosen Händen! Nicht die Technik an sich ist das Gefährliche. Ihre Segnungen sind nicht zu übersehen. Es geht um den verantwortungsvollen Gebrauch technischer Möglichkeiten. Die katastrophale Umweltzerstörung resultiert *nicht zwingend* aus dem Vorhandensein einer Industrie mit schädlichen Emissionen, aus der Notwendigkeit der Energiegewinnung oder aus dem hohen Anfall von Abfällen in Ballungszentren. Und doch hat sie heute ein weltweites Ausmaß erreicht, bei dem es nicht mehr nur um Artenschwund von bestimmten Pflanzen und Tieren oder um das Waldsterben geht. Bedroht ist vielmehr die Welt als Lebensraum des Menschen. Dies rührt an das Recht auf Leben für künftige Generationen.

Bei alledem sind die Zustände in unserem Staate im Vergleich mit dem Hunger in weiten Teilen der Welt geradezu golden zu nennen. Permanenter Hunger in den Entwicklungsjahren eines Menschen verhindert eine uneingeschränkte Persönlichkeitsentwicklung aus rein physiologischen Gegebenheiten (u.a. durch Eiweißmangel). Auch hier steht die Menschenwürde auf dem Spiel.

Wege zur Achtung und zum Schutz der Menschenwürde

Begeben wir uns also auf die Suche nach Wegen zur Achtung und zum Schutz der Menschenwürde. Aus den bisherigen Überlegungen dürfte klar geworden sein, daß sich solche Wege nur im Bereich der Verantwortlichkeit des Vernunftwesens Mensch finden lassen; nicht in einem verträumten „Zurück zur Natur" unter Anklage der technischen Errungenschaften bis hin zur Zivilisation als solcher. Das käme einer Anklage des menschlichen Geistes gleich. Auch dieser hat zu allen Zeiten in verantwortungslosen Gehirnen unendlich viel Leid und Zerstörung geschaffen.

Wenn wir dem Menschen als Species nicht jede Vernunft absprechen (was wir dann ja auch uns selbst gegenüber tun würden!), dann muß es darauf ankommen, so auf diese Vernunft einzuwirken, daß sie sich ihrer Bestimmung gemäß entwickeln kann: nämlich, an dieser Schöpfung teilzuhaben durch schöpferisches Handeln. Schöpfung aber bedeutet Aufwärtsentwicklung, bedeutet Evolution – von der Entstehung des Kosmos über die Entwicklung erster organischer Zellen, über das Werden des wunderbaren Pflanzenreiches bis hin zum höheren Leben der Kreatur, das im Menschen eine geradezu geheimnisvolle Ausprägung gefunden hat. Daß dieses Wesen Mensch mit seinem Geist die irdische Schöpfung nahezu vernichten kann, macht das Ausmaß seiner Freiheit – seiner „*Gottähnlichkeit*", wie Mephistopheles im Faust sagt – in geradezu unheimlicher Weise deutlich. Was Mephistopheles dem wißbegierigen Schüler prophezeit hat, ist inzwischen eingetroffen: „*Dir wird gewiß einmal bei deiner Gottähnlichkeit bange!*"(7)

Diese Freiheit auf das Schöpferische hinzulenken, ist das Gebot der Stunde Ob das allerdings durch permanentes Herausstellen des Negativen, des Versagens, durch genüßliches Ausschlachten aller Mißstände in der Gesellschaft, ja durch ein ekelhaftes Herumwühlen in menschlichen Niederungen geschehen kann, darf angezweifelt werden, mag diese gängige Praxis auch noch so überzeugend als notwendige Gesellschaftskritik verkauft werden. Sollte in Kunst und Literatur nicht wieder häufiger der Versuch gemacht werden, den Sinn auf das Gute, Wahre und Schöne hinzulenken? Sollte der Genuß des Schönen den menschlichen Geist nicht eher zu verantwortungsvollem Handeln erziehen können als die ständige Konfrontation mit dem Versagen? Der negative Einfluß der Darstellung von Gewaltverbrechen im Fernsehen auf die Jugendkriminalität ist mehrfach nachgewiesen.

Die Erziehung in den Schulen — sofern eine solche nicht durch sich fortschrittlich dünkende Pädagogen überhaupt abgelehnt wird — zur Kritikfähigkeit hat doch nur dann einen Sinn, wenn sich die so Erzogenen an Leitbildern und Werten orientieren können, die ihre Kritik rechtfertigen. Es geht also doch wohl zuerst um Erziehung zu Werten, ja zu Kenntnissen, welche den Menschen befähigen, ein Gebäude zu *errichten,* bevor man sie darüber belehrt, wie fehlerhaft die menschlichen Bauwerke sind und wie man sie am besten einreißt.

In der Arbeitswelt sind nicht nur Forderung nach mehr Verdienst und Streikandrohung gefragt, so sehr dies von Fall zu Fall legitim und als Errungenschaft freiheitlicher Lebensordnungen unabdingbar ist. Gefragt ist auch Erziehung zur Arbeitsmoral, eben zum ,,Mitbauen".

Die Erziehung zur Achtung der Würde des Mitmenschen bereits in jungen Jahren könnte sich positiv auf Ehe und Familie auswirken. Die Respektierung der persönlichen Sphäre des Lebensgefährten ist nicht selbstverständlich, wie man in Gesprächen auf jeder Party erfahren kann. Eine Erziehung zur Menschenwürde könnte sich auswirken auf das Verhalten der so Erzogenen in ihrer späteren Elternrolle, auf ihre Partnerschaftsfähigkeit, auf ihr Verhalten im Berufs- und Geschäftsleben. Und wenn diese Generation eines Tages in politisch verantwortungsvolle Positionen hineinwächst, sollte nicht auch dort ein ,,Senfkorn" aufgehen können?

Nun sind wir dabei, ein Gedankengebäude zu errichten, welches nahezu ausschließlich auf Erziehung zu zeitlos gültigen Wertvorstellungen aufbaut. – Eine Utopie? Es *ist* eine, und zwar im wörtlichen Sinne, nämlich ein Ort, den es nicht gibt (das griechische ,,u-topos'' bedeutet, wörtlich übersetzt: ,,Nicht-Ort''). Die Brockhaus Enzyklopädie definiert ,,Utopie'' wie folgt:

,,Schilderung eines erdachten (erhofften oder befürchteten), nirgends realisierten Gesellschaftszustandes; ursprünglich wird meist ein Idealzustand als Leitbild oder Korrektur bestehender Verhältnisse dargestellt, so in dem namengebenden Roman von Thomas Morus [...].''

Auf Leitbilder kommt es in der Tat an. Ohne sie ist keine Erziehung möglich. Es gibt deren viele auf dieser Welt. Solche Persönlichkeiten müssen in den Schulen betrachtet, ihr Handeln mit seinen Auswirkungen analysiert werden. Dabei ist strengstens darauf zu achten, daß diese Unterrichte nicht zu parteipolitischer oder ideologischer Beeinflussung mißbraucht werden. In die Stundenpläne für Sozialkunde an unseren Schulen gehört Erziehung *zur,* nicht Unterrichtung *in* Menschenwürde. Die Formulierung des Erziehungs- und Bildungsauftrages unserer Schulen berücksichtigt je nach Bundesland in unterschiedlicher Intensität diese Ziele. Auch die Führungsgrundsätze mancher Industrieunternehmen zeigen erfreuliche Bestrebungen in dieser Hinsicht. Es wäre zu prüfen, inwieweit Unterrichtshilfen hierfür bestehen, wie sie z.B. in qualifizierter Form bei der Inneren Führung der Bundeswehr vorhanden sind. An den Schulen kann dieser Erziehungsprozeß durch geeignete Literatur in den Deutschstunden gefördert werden.

In Japan sollen angehende Computer-Ingenieure zwei Jahre lang Philosophie studieren, bevor sie mit ihrer eigentlichen Ausbildung an jenem technischen Wunderwerk beginnen dürfen, welches zum Realisieren-Wollen alles Machbaren verführen kann.(8) Ist hier nicht ein Ansatz der zuvor aufgezeigten Utopie verwirklicht?

Unsere bisherigen Überlegungen haben gezeigt, daß eine Verbesserung im Umgang mit der Menschenwürde nur durch Erziehung erreicht werden kann. Welche Voraussetzungen finden wir hierfür in unserem Staat? Schule und Industrie haben wir betrachtet. Bei der Bundeswehr finden wir gute Ansätze. Das Elternhaus entzieht sich einer einheitlichen Beurteilung. Man kann aber sagen, daß immer dann, wenn Mißstände der Gesellschaft angelastet werden, die Ursachen immer auch in der Erziehungsarbeit der Eltern zu suchen sind. Es stellt sich also die Frage, inwieweit durch Erziehung der Eltern und Weitererziehung der herangewachsenen Jugendlichen, d. h. durch Erwachsenenerziehung, eine Verbesserung im Umgang mit der Menschenwürde erreicht werden kann.

Einrichtungen der Erwachsenenerziehung und -bildung sind genügend vorhanden. Da sind die Religionsgemeinschaften, die Volkshochschulen und zahlreiche Akademien, da sind Gemeinschaften und Bünde wie Freimaurerlogen, Rotarier und Lions, um nur einige herauszugreifen. Darüber hinaus bieten sich die vielen Gesellschaften an, die sich mit den Namen großer Denker schmücken, wie die Goethe-, Schiller-, Humboldt- oder Sokratische Gesellschaft. Sie alle haben die Chance, zum Schutz und zur Achtung der Menschenwürde zu erziehen. Für den einzelnen gibt es also zahlreiche Angebote, um das ihm gemäße Forum zu finden. Wo diese nicht ausreichen, steht Neugründungen nichts im Wege.

Entscheidend ist jedoch, daß diese Organisationen ihre Chance wahrnehmen und sich nicht für parteipolitische

Interessen oder ideologische Ziele mißbrauchen lassen. Dies ist zu prüfen, bevor man sich einer Vereinigung anschließt. Weitere Maßstäbe einer solchen Prüfung sollten sein: Das Bildungsziel hat sich an einem edlen Menschentum auf der Grundlage praktizierter Humanität sowie Toleranz gegenüber Andersdenkenden auszurichten. Auch Religionsgemeinschaften dürfen ihre Glaubenssätze nicht zu blindem Dogmatismus ausarten lassen, der zu allen Zeiten Ursache von Zwist und Krieg war. Hier zeigen sich in der ökumenischen Bewegung positive Ansätze.

Der erzieherische Einfluß von Medien, Kunst und Literatur ist unstrittig. Die gegenwärtigen thematischen Schwerpunkte in vielen Medien mit ihrem Herausstellen von Gewalt und Brutalität (man werfe nur einen kurzen Blick in die Schaufensterangebote der meisten Video-Shops) laufen letztlich auf eine Förderung der Kriminalität hinaus. Bisweilen sind sie geradezu Handlungsanweisungen für Gesetzesbrecher. Das häufig Niederziehende und Häßliche in Kunst und Literatur bis hin zu gewissen Formen der sogenannten Popmusik, die nach Großveranstaltungen allzuoft Gewalttätigkeiten nach sich ziehen, läßt die Frage aufkommen, ob zu den Erziehungszielen nicht die Veredelung des Geschmacks gehören muß, damit unsere Gesellschaft wieder menschlicher wird. Da demonstrieren Menschen für Frieden und Abrüstung, und in ihrer Mitte wird durch Geschäftemacher und verantwortungslose Programmgestalter direkt oder indirekt die Gewalt heroisiert.

Angesichts des hilflosen Herumtastens in vielen Bereichen der Erziehung dürfte es nicht abwegig sein, auf bewährtes Altes zurückzugreifen: auf zeitlos gültige Wertvorstellungen und Tugenden, wie sie z. B. in der Trias der geistigen Wertideen Platons zum Ausdruck kommen: im *Guten, Wahren und Schönen,* jenen Begriffen, die als drei Grundprinzipien in die idealistische Philosophie eingegangen sind. Dabei handelt es sich nicht um schöngeistige Spielereien! Wenn Platon im *Timaios* sagt: *,,Es ist richtiger, mehr über das Gute als über das Schlechte zu sprechen"*(9), so sollten wir ihm nach den bisherigen Betrachtungen folgen können. Darüber hinaus hat der Philosoph die Tugenden, welche aus dem Streben nach dem Guten, Wahren und Schönen erwachsen, in vielen seiner Schriften ganz konkret formuliert. Danach ist ihr Hauptziel die *Tauglichkeit zur Verbesserung des Gemeinschaftslebens!* Es handelt sich hier also wohl auch um Wege zum Schutz und zur Achtung der Menschenwürde. Besonders bekannt sind die vier Kardinaltugenden aus dem Werk, das den Titel *Staat* trägt: Weisheit, Tapferkeit, besonnenes Maßhalten und Gerechtigkeit. Auf sie wurden von der Stoa an die übrigen Tugenden zurückgeführt.

Bemerkenswert ist, daß das *Gute* im Sinne Platons das wirklich Seiende ist, das ewig Bleibende, stets Unveränderliche, welches hinter den Dingen liegt, die wir mit den Sinnen erfassen können. Letztere stellen das Werdende, sich ständig Verändernde dar. Alle haben aber eines gemeinsam: die Idee des Guten, die wir nur im Denken erfassen können. (Dem Begriff ,,Idee'' im Sinne Platons kommt unser Wort ,,Ideal'' näher als das, was man im Sprachgebrauch mit einer guten Idee bezeichnet).

Das Erziehungsziel Platons fordert also zum Denken auf, zum Erfassen der Idee des Guten, die alles verbindet, was entsteht und vergeht. Das ist etwas grundlegend anderes als die Erziehung zur Kritiksucht, die gern als Erziehung zum selbständigen Denken formuliert wird.

Daß hinter dem sinnlich Wahrnehmbaren eine Idee des Guten steht, kann man in der Schönheit der unzerstörten Natur erahnen, wie denn auch nach Platon die Ideen im sinnlich Wahrnehmbaren gegenwärtig sind. So bedeutet das Erziehungsziel Platons, auf die Gegenwart übertragen, auch

die Erziehung zum verantwortungsvollen Umgang mit der Natur, ihren Gaben sowie Ehrfurcht vor der Schöpfung und ihren Geschöpfen. Wer solcher Ehrfurcht fähig ist, wird auch mit den Mitmenschen in einer Weise umgehen, die wir mit Schutz und Achtung der Menschenwürde bezeichnen dürfen.
Man kann die gesamte Philosophie Platons als Weg der Erkenntnis des Guten und der Tugend, als Weg zu den „Ideen" sehen. Und wer die fesselnden Dialoge seiner Schriften einmal gelesen hat, weiß, daß diese Philosophie keine theoretisierende Gedankenspielerei ist, sondern zahlreiche Ansätze für praktisch Erziehungsarbeit – insbesondere der Erwachsenenerziehung – bietet; wohlgemerkt: nicht für eine philosophische Unterweisung. Die Gedanken Platons müssen und können umgesetzt werden in Erziehungsziele der Gegenwart, wie das vorige Beispiel zeigte. Es lohnt daher, über das Gute, Wahre und Schöne in seiner heutigen Anwendbarkeit als aktuelles Erziehungsziel noch ein wenig nachzudenken:

Dabei fällt auf, daß „das Gute" in der philosophischen Ethik seit der Stoa, also dem Ende des vierten Jahrhunderts v. Chr., im Sinne von „tauglich" und „brauchbar" verwendet wird. Zu einem guten Menschen – also zu seiner Tauglichkeit, die übrigens im Sinne von Tüchtigkeit zu verstehen ist – gehören aber außer entsprechenden Fähigkeiten auch Tugenden wie Zuverlässigkeit, Selbstbeherrschung, Ausdauer und Fleiß, zur Brauchbarkeit im Gemeinschaftsleben Ehrlichkeit, Gerechtigkeit und andere soziale Tugenden. Bald wurden noch weitere Eigenschaften wie Freigebigkeit, seit der Spätantike auch Wohltun und Wohlwollen einbezogen. Unter dem Einfluß des Christentums gewannen dabei die Tugenden der Nächstenliebe, der Hilfsbereitschaft und Demut Vorrang und führten zum Begriff der Güte.

Es gibt zu wenig Schulen und andere Bildungseinrichtungen in unserem Staat, welche solche Tugenden als Erziehungsziele formulieren *und auch konsequent verfolgen.* Dagegen wird bereits der Begriff ,,Tugend" vielfach belächelt, als antiquiert und inhaltslos angesehen. *Es kommt darauf an, diese Begriffe wieder mit Inhalten zu füllen!* Dazu gehört nichts anderes als der Mut, sie als Erziehungsziel zu fordern und wieder ernst zu nehmen. Sie sprechen für sich und haben ganz praktische Auswirkungen auf den Umgang der Menschen miteinander. Sie stehen somit in unmittelbarem oder mittelbarem Zusammenhang mit der Würde des Menschen. Die gegenwärtige Scheu von Erziehern und Medien, das Wort Tugend in den Mund zu nehmen, erinnert an den Ausspruch Goethes: *,,Das Wahre ist eine Fackel, aber eine ungeheure; deswegen suchen wir alle, nur blinzelnd so daran vorbei zu kommen, in Furcht sogar, uns zu verbrennen."*(10)

Damit sind wir beim Begriff des *Wahren,* den Platon so eng mit dem Guten und Schönen verquickt hat. Vielleicht wird in seinem berühmten Höhlengleichnis(11), das wir schon mehrfach betrachteten, am deutlichsten, was er unter dem Wahren versteht. Bezeichnenderweise findet sich dieses Bild in Platons Werk über den idealen Staat.

Er beschreibt dort, wie wir wissen, die Menschen als in einer Höhle Gefangene, die so gefesselt sind, daß sie nur auf eine bestimmte Wand schauen können. Das Licht erhalten sie von einem Feuer, das hinter ihnen von oben auf jene Wand scheint. Zwischen dem Feuer und den Gefangenen werden nun allerlei Gegenstände und Abbilder von Lebewesen – auch von Menschen – vorübergetragen, so daß die Gefangenen eben nur die Schatten jener Bilder zu sehen vermögen. Wenn nun einer dieser Menschen von seinen Fesseln befreit würde, sich umdrehen und in das Feuer und auf die "wahren" Gegenstände blicken dürfte, er würde, so Platon, Schmerzen empfinden und wegen des Glanzgeflimmers vor seinen Augen die Dinge nicht anschauen können, deren

Schatten er zuvor sah. Und wenn ihm nun jemand sagen würde: Die Gegenstände, die dort vor dem Feuer vorbeigetragen werden, sind die wahren. Du hast bisher nur deren Schattenbilder gesehen. Er würde doch dem bisher Geschauten mehr Realität zumessen als diesem ungewohnten Phänomen. Ganz hartnäckig bohrt nun der Philosoph in diesem Gleichnis weiter: Wenn man ihn zwänge, in das Licht selbst zu sehen, so würde er vor lauter Augenschmerzen davonlaufen und sich wieder den Schattenbildern zuwenden, die er ansehen kann, und darauf beharren, diese hätten mehr Realität, als das, was man ihm soeben vorgeführt habe. Platon steigert das Bild weiter und läßt diesen Losgebundenen an das wahre Licht zerren, läßt ihn draußen vor der Höhle die Sonne schauen und beschreibt plastisch seine Blendung und seine Augenschmerzen.

Es geht Platon in diesem Gleichnis um die Erziehung des Menschen zu höherer Einsicht. Und so beschreibt er weiter, wie es denn nur durch allmähliche Gewöhnung an das Sonnenlicht möglich würde, das Wesen der Dinge zu schauen. In vier Stufen, also einer systematischen, vom Einfachen zum Komplexeren führenden Erziehung wird es möglich, Dinge zu erkennen, die man zuvor nicht sehen konnte. In dem Gleichnis soll der an das Licht gebrachte Mensch zunächst die Schatten und die sich im Wasser spiegelnden Abbilder der Dinge betrachten, bis er die Gegenstände selbst schauen kann. Danach, so Platon,

„würde er die Gegenstände am Himmel und den Himmel selbst erst des Nachts, durch Gewöhnung seines Blikkes an das Sternen- und Mondlicht, leichter schauen als am Tage die Sonne und das Sonnenlicht. [...] Und endlich auf der vierten Stufe [...] vermag er die Sonne selbst in ihrer Reinheit und in ihrer eigenen Region anzublicken sowie ihr eigentliches Wesen zu beschauen."

Platon erläutert dieses Gleichnis selbst wie folgt:

> *„Die mittels des Gesichts sich uns offenbarende Welt vergleiche einerseits mit der Wohnung im unterirdischen Gefängnisse und das Licht des Feuers in ihr mit dem Vermögen der Sonne; das Hinaufsteigen und das Beschauen der Gegenstände über der Erde andererseits stelle dir als den Aufschwung der Seele in die durch die Vernunft erkennbare Welt vor, – und du wirst dann meine subjektive Ansicht hierüber haben. [...] Ein Gott mag aber wissen, ob sie objektiv wahr ist. Aber meine Ansichten hierüber sind nun einmal die: im Bereiche der Vernunfterkenntnis sei die Idee des Guten nur zu allerletzt und mühsam wahrzunehmen, und nach ihrer Anschauung müsse man zur Einsicht kommen, daß es für alle Dinge die Ursache von allen Regelmäßigkeiten und Schönheiten sei, indem es erstlich in der sichtbaren Welt das Licht und dessen Urprinzip erzeugt, sodann auch in der durch die Vernunft erkennbaren Welt selbst Urprinzip ist und sowohl die objektive Wahrheit als auch unsere Vernunfteinsicht gewährt; ferner zur Einsicht kommen, daß das Wesen des Guten ein jeder erkannt haben müsse, der verständig handeln will, sei es in seinem eigenen Leben oder im Leben des Staates".*

Letztlich ist diese ganze Abhandlung die Forderung nach einer Erziehung, die zum Nachdenken über die letzten Dinge anregt; sagen wir ruhig: über die Gottesfrage. Platon selbst sagt im *Phaidros* (12): *„Das Göttliche aber ist das Schöne, das Weise, das Gute und was sonst derartig ist."*

Die Abwendung vieler Bürger unseres Staates von ihrer Kirche ist nur scheinbar ein Zeichen der Areligiosität unserer Zeit. Geht sie doch Hand in Hand mit der Hinwendung zu vielfältigen Formen von Sekten und anderen esoterischen Gemeinschaften. Das Bedürfnis nach religiöser Betätigung ist allenthalben und gerade bei jungen Menschen erkennbar, wie auch die Kirchentage beider großer Konfessionen in den letzten Jahren gezeigt haben. Diesem Bedürfnis müssen auch die Schulen durch Bildungsarbeit gerecht werden, um zu verhindern, daß der Hunger nach religiöser Betätigung durch ,,verdorbene Speise'' gestillt wird, d.h. daß der Suchende auf Grund mangelnden Wissens Propheten nachläuft, die ihn früher oder später enttäuschen; die ihn eben nicht tauglicher, tüchtiger machen für die Bewältigung des Lebens und für den Umgang mit den Mitmenschen.

Hier stellt sich allerdings die Frage, ob nicht neben dem bisherigen Religionsunterricht, der der Kirche obliegt, eine Unterrichtung im Sinne einer Religions*kunde* erforderlich ist. Wäre es nicht ehrlich und fortschrittlich, die jungen Menschen von neutralen Fachleuten, welche die Lehrer sein müssen, über das Suchen der Menschen aller Zeiten nach dem Sinn von Leben und Schöpfung, nach dem Göttlichen, zu informieren, das allen Religionen gemeinsam ist? Das aber ist die Suche nach dem Guten, Wahren und Schönen. Die Erziehung zu Toleranz und Ehrfurcht gegenüber anderen Wegen des Suchens nach der Wahrheit ist ein wichtiger Schritt zum friedlicheren Umgang der Menschen miteinander und damit zur Achtung der Menschenwürde.

Die vielfach angestrebte frühzeitige Spezialisierung an unseren Schulen und Universitäten, also die Bevorzugung der Ausbildung auf Kosten der Bildung, kann auf Dauer keine höher qualifizierten Fachleute schaffen, als eine Bildung, die den Menschen dazu befähigt, über den Rahmen seines Berufes hinauszuschauen, die ihn erzogen hat, human zu denken, und die ihm Tugenden vermittelt hat, die ihn letztlich veranlassen werden, mit Eifer und Ausdauer seine beruflichen Kenntnisse und Fertigkeiten zu vervollkommnen.

Werfen wir noch einen Blick auf Platons Begriff des *Schönen,* den der Philosoph in einer Triade mit dem Guten und Wahren vereinigt:

"Alles Gute ist schön, aber das Schöne ist nicht schön ohne das richtige Maß. Auch ein Lebewesen also, das derart sein soll, muß man als symmetrisch ansetzen. Was aber die Symmetrien anlangt, so bemerken wir wohl die kleine und ziehen sie in Betracht, bei den entscheidendsten und größten dagegen verhalten wir uns unvernünftig. Sowohl für Gesundheit und Krankheit als auch für Tugend und Schlechtigkeit ist keine Symmetrie bzw. Asymmetrie größer als die zwischen der Psyche und dem Körper."(9)

Mit diesen Worten verrät uns Platon, wie er seinen Begriff von der Schönheit verstanden wissen will. Hier wird keinem schwärmerischen Ästhetizismus das Wort geredet. Hier geht es um Ausgewogenheit im weitesten Sinne, das rechte Maß bei allem Beginnen, gegen Einseitigkeit, Übertreibung und Unsachlichkeit in allen Bereichen. Nun wird klar, warum bei Platon das Schöne auch gleichzeitig gut und wahr ist.

Ausgewogenheit als Erziehungsziel ist ein Weg zu mehr Menschlichkeit. Menschenwürde setzt Menschlichkeit, setzt Humanität voraus. Innere Ausgewogenheit bedeutet innere Harmonie. Sie führt zum ausgeglichenen Menschen, der allein friedensfähig ist. Wie soll derjenige, der mit sich selbst uneins ist, der in sich Zerstrittene, in seinem Umfeld Frieden schaffen? Diese Fähigkeit aber ist die Voraussetzung für den politischen Frieden im Inneren eines Staates und zwischen den Völkern. Ein wahrhaft aktuelles Erziehungsziel.

Erziehung zur inneren Harmonie aber setzt Harmonie in den Erziehungsmitteln voraus. Damit sind wir wieder bei den Medien, bei Kunst und Literatur. Das Auswendiglernen von Gedichten aus dem großartigen Schatz der Poesie ist für all jene, die in der Schule noch dazu angehalten wurden, zu einer nie versiegenden Quelle der Kraft geworden, wie man sich allenthalben bestätigen lassen kann. In der Kriegsgefangenschaft schützte sie manchen vor Verzweiflung. In der Form des Kirchenliedes und Gebetes richtet sie Gläubige in schweren Schicksalen auf. Als fröhliches Lied verleiht sie der Seele Schwingen. Die Auswirkung dieses ganz kleinen Erziehungsmittels auf die innere Harmonie und Ausgeglichenheit des Menschen ist erwiesen. Diesen Seelenzustand als Erziehungsziel setzt Friedrich Schiller so hoch an, daß er als Kennzeichen einer schönen Seele die Übereinstimmung von Pflicht und Neigung nennt.(13)

Erziehung zur inneren Harmonie wird um so leichter gelingen, je mehr wir uns wieder einbetten lassen in die Harmonie der Schöpfung, in die kosmische Harmonie. Immanuel Kant stellt diese Verbindung her, wenn er in seiner *Kritik der praktischen Vernunft* feststellt:

> *,,Zwei Dinge erfüllen das Gemüt mit immer neuer und zunehmender Bewunderung und Ehrfurcht, je öfter und anhaltender sich das Nachdenken damit beschäftigt: Der bestirnte Himmel über mir und das moralische Gesetz in mir. Beide darf ich nicht als in Dunkelheiten verhüllt, oder im Überschwenglichen, außer meinem Gesichtskreise, suchen und bloß vermuten; ich sehe sie vor mir und verknüpfe sie unmittelbar mit dem Bewußtsein meiner Existenz."(14)*

Die Erforschung beider Phänomene fordert der Philosoph als *,,enge Pforte, die zur Weisheitslehre führt, wenn unter dieser nicht bloß verstanden wird, was man tun, sondern was Lehrern zur Richtschnur dienen soll".*(15)

Wir sagten: eingebettet sein in die kosmische Harmonie: Kosmos bedeutet ursprünglich ,,Ordnung", ,,Regelmäßigkeit", aber auch ,,Schmuck" und ,,Zierat", bevor es von Pythagoras in der Bedeutung ,,Welt" im Sinne des geordneten Weltalls gebraucht wurde. Die innermenschliche Ordnung muß der Ordnung des Alls entsprechen, sonst besteht eine Disharmonie, welche die Ursache des Unfriedens in uns selbst und damit auch mit unseren Mitmenschen ist. Erziehung zur Ordnung ist somit wiederum ein Weg zum Schutz und zur Achtung der Menschenwürde.

Nun verstehen wir, warum Sokrates betete: *,,O lieber Pan und all ihr anderen Götter hier! Verleihet mir, schön zu werden im Innern."*(16) Es wird auch klar, warum Kant die Ästhetik, also die Lehre vom Schönen, mit der Lehre von der Zweckmäßigkeit in der organischen Natur verbindet. Die Ästhetik wird bei ihm zu einer Fundamentaldisziplin.

Erziehung zur Schönheit ist gefragt, wenn wir nach Menschenwürde rufen!

Freimaurerei und Menschenwürde

Doch wenden wir uns der Freimaurerei zu: Ist dieser Bund mit seinen ethischen Zielsetzungen in der Lage, zum Schutz der Menschenwürde beizutragen?

Wenn wir von unserer bisherigen Überlegung ausgehen, daß eine Verbesserung im Umgang mit der Menschenwürde nur durch Erziehung erreicht werden kann, stellt sich die Frage: welche Bedeutung die Komponente der Erziehung in der Freimaurerei hat.

Wir sind inzwischen soweit ,,eingeweiht", daß wir die Arbeit der Freimaurer am rauhen Stein als Arbeit an der Selbstvervollkommnung kennen. Es geht darum, an sich selbst die

Ecken der Unvollkommenheit abzuschlagen. Hier ist ein Erziehungsprozeß im Gange, der zu *„geistiger Entfaltung und zur Entwicklung einer sittlichen Lebenshaltung"* führen soll, wie es in einem Ritual formuliert ist. Das Besondere an diesem Erziehungsprozeß und damit auch an der Arbeitsmethode der Freimaurer ist aber, wie schon erwähnt, daß es sich hier um einen Prozeß der Selbsterziehung handelt. Darin liegt der grundsätzliche Unterschied zu jeder Art von Schule, ganz abgesehen davon, daß hier Erziehung an Erwachsenen vorgenommen wird.

In dieser Methode liegt eine entscheidende Chance der Freimaurerei. Es kann nicht nur um Jugenderziehung gehen Deren Ergebnis ist doch abhängig von der ethischen Grundhaltung der Erzieher! Erwachsene aber lassen sich nicht gern erziehen. Nicht nur aus Selbstüberschätzung, aus dem Gefühl, vollkommen zu sein. Hier spielt auch ein gesundes Mißtrauen gegenüber jedwedem Erzieher eine Rolle. Bei der systematischen Selbsterziehung aber kann der einzelne sein ganzes Selbstvertrauen mit einbringen.

Bei den zuvor aufgezeigten Erziehungszielen spielte das Hinlenken des menschlichen Sinnes zum Guten, Wahren und Schönen eine besondere Rolle. Genau diese Inhalte sind es aber, welche freimaurerische Erziehungsarbeit ausmachen. Die Schönheit ist in unserer Symbolsprache eine der tragenden Säulen des Tempels der Humanität.

Nun wird der kritische Leser sagen: Was sollen all diese hehren Ziele und ach, so wohlgemeinten Absichtserklärungen? Es gibt so viele Gruppen und Vereinigungen von Menschen mit ethischen Zielsetzungen. Sie treten mit Kritik, mit Anklage und Aufrufen zur Umkehr an die Öffentlichkeit, und es ändert sich doch nichts. Unsere Kirchen berufen sich bei diesen Aufrufen auf die höchste Autorität. Haben sie die Welt besser gemacht?

Bei dieser Frage muß zunächst einmal davor gewarnt werden, die Kirchen mit weltlichen Vereinigungen in einen Topf zu werfen. Der organisatorische Zusammenschluß von Gläubigen in den Kirchen dient der Ausübung ihrer Religion, der Vertiefung religiöser Inhalte und natürlich auch der Ausstrahlung als richtig und gut erkannter oder geglaubter Wahrheiten. Nur im letzteren Punkt kommen die Kirchen den angesprochenen weltlichen Vereinigungen nahe. Diese – auch die Freimaurerei – können für den gläubigen Menschen also kein Ersatz für ihre religiöse Betätigung sein.

Wenn wir uns noch einmal die spezifische Arbeitsmethode der Freimaurerei vor Augen halten, nämlich Ritual und Symbolik mit ihren Wirkungsmöglichkeiten auf das Gemüt, so wird deutlich, daß wir zwar keine Heiligen durch die Freimaurerei werden, daß diese Methode aber eine unvergleichliche Chance hin zu Wahrung und Schutz der Menschenwürde darstellt. Wir erinnern uns an den Prozeß, sich selbst von außen beobachten zu lernen und dadurch mit all seinen, auch den unangenehmen, Eigenschaften wie einen Fremden zu sehen. Der wirklich Fremde, der Mitmensch, tritt einem danach als Bruder gegenüber, da er dem eigenen als fremd erkannten Ich nunmehr ganz nahe steht. Man lernt, seine Eigenheiten ebenso zu betrachten, wie man zuvor nur diejenigen der Mitmenschen sehen wollte. Diese mögliche Wirkung der rituellen Arbeit ist gleichzeitig der erste Schritt zur Achtung der Würde des Mitmenschen. Dies meinte der Bochumer ,,Computer-Professor" Wolfgang Weber, als er in einem Vortrag vor der Humboldt-Gesellschaft über den Technizismus und seine Überwindung sagte: *,,Ohne Selbsterfahrung gibt es keine realistische, respektierende Würdigung des Gegenübers".*(17)

Wenn der Verfassungsrechtler Andreas Hamann *,,die Gewährung eines Innenraumes, in den der Mensch sich zurück-*

ziehen kann" als zum Wesen der Menschenwürde gehörend betrachtet, dann ist die Freimaurerei in besonderer Weise geeignet, zur Menschenwürde hinzuzuziehen. Rituelles Arbeiten ist in hohem Maße Innenschau, ist Entfaltung des Innenraumes. Menschenwürde bedeutet im Sinne Kants den *,,absolut inneren Wert des Menschen".*(11) Diesen zu bilden und zu veredeln, ist vornehmstes Ziel der Freimaurerei.

Und noch ein Gesichtspunkt sei hier betrachtet: Menschenwürde verlangt Ehrfurcht vor dem Leben, vor der Individualität der Mitmenschen, *,,deren jeder ein kostbarer, einmaliger Versuch der Natur ist",* wie Hermann Hesse in seiner Einleitung zum Demian sagt. Und Hesse fährt fort:

,,Jeder Mensch aber ist nicht nur er selber, er ist auch der einmalige, ganz besondere in jedem Fall wichtige und merkwürdige Punkt, wo die Erscheinungen der Welt sich kreuzen, nur einmal so und nie wieder. Darum ist jedes Menschen Geschichte wichtig, ewig, göttlich, darum ist jeder Mensch, solange er irgend lebt und den Willen der Natur erfüllt, wunderbar und jeder Aufmerksamkeit würdig. In jedem ist der Geist Gestalt geworden, in jedem leidet die Kreatur, in jedem wird ein Erlöser gekreuzigt."

In diesen Worten schwingt geradezu eine Scheu vor dem Geheimnis Mensch mit, welche Ausdruck einer tiefen Ehrfurcht ist. In den freimaurerischen Tempelarbeiten geschieht alles *,,in Ehrfurcht vor dem Großen Baumeister aller Welten".* Dieser ist Symbol für das höchste Prinzip, das der einzelne Bruder für sich anerkennt. Bei der feierlichen Aufnahme eines Suchenden in den Bund wird diesem *,,Ehrfurcht vor dem Wirken der ewigen Gesetzmäßigkeiten"* empfohlen. Ehrfurcht als "statisches Element" beim Bau des Tempels der Menschlichkeit – der Menschenwürde – wird in den Freimaurerlogen geübt.

Die Freimaurerei befaßt sich aber nicht nur mit der Innenschau des Menschen. Gerade die Verbindung von Esoterik und Exoterik, von ritueller Arbeit und Diskussion aktueller Tagesfragen – auch mit Gästen – ist freimaurerisches Prinzip der Erziehung zum ausgewogenen Menschen. Die Kräfte des Gemüts *und* des Geistes sollen entfaltet werden. Beide sind gleichermaßen wichtig zur Wahrung der Menschenwürde.

Nun stellt sich abschließend aber doch die Frage nach einer sichtbaren Veränderung in der großen Politik. *Dort* muß doch die Menschenwürde geachtet und geschützt werden. Kann mit der geschilderten Kleinarbeit in den Logen in jenem Bereich etwas bewegt werden?

In unserem geschichtlichen Rückblick auf die Entwicklung der Menschenrechte hörten wir, daß es Montesquieu war, der in der Gewaltenteilung von Legislative, Exekutive und Judikative die entscheidenden und bis heute gültigen Prinzipien für eine Sicherung der bürgerlichen Freiheit entwickelt hat. Montesqiueu war 1735 Mitbegründer einer der ersten französischen Logen.

Die Versöhnung zwischen Deutschland und Frankreich im Jahre 1925 nach Jahren zerfleischender ,,Erbfeindschaft'' haben zwei Freimaurer vollzogen: Der damalige Reichsaußenminister Gustav Stresemann und der französische Außenminister Aristide Briand. Die von beiden entscheidend mitgeprägten Locarno-Verträge hatten den Eintritt Deutschlands in den Völkerbund zur Folge. Gebrochen wurden diese Verträge durch einen Mann, der die Mißachtung der Menschenrechte zum Prinzip erhob: Adolf Hitler. Was darauf folgte, spricht für sich.

Doch das ist Historie. Viele Freimaurer in unserem Staat sind heute unglücklich darüber, daß ihr Bund sich offensichtlich zu wenig auswirkt. Diese Brüder erwarten oder verlangen zuweilen etwas von ihrem Bund, was er nicht leisten *kann*. Ob die Freimaurerei hier und heute etwas zu bewegen in der Lage ist, hängt nicht allein vom Inhalt ihrer ethischen Zielsetzung ab. Entscheidend ist der einzelne Mensch mit seiner geistigen Kapazität, seiner Ausstrahlungskraft und natürlich auch seinem berufsbedingten Einflußbereich. Auf die entsprechenden Mitglieder kommt es an. Überragende Persönlichkeiten von der Kapazität etwa eines Stresemann kann aber die Freimaurerei nicht ,,machen''. Es muß sie *geben*. Vielleicht fehlt es an solchen in der gegenwärtigen Weltpolitik. Dann können wir von der Freimaurerei auch keine Wunder erwarten.

Diese Feststellung darf aber nicht zur Entschuldigung eigener Untätigkeit verleiten! Vom einzelnen Freimaurer muß erwartet werden, daß er nicht schweigt, wo er Unrecht erkennt, auch wenn dies im Einzelfalle unbequem ist. Freimaurerei erfordert Zivilcourage. Auch die eizelnen Logen können etwas tun: So kann z.B. in Gesprächskreisen über aktuelle Tagesfragen − auch der Politik − Gästen deutlich gemacht werden, wie man mit einem durch die Freimaurerei geschärften Gewissen und Verantwortungsbewußtsein an jene Fragen, trotz unterschiedlicher Auffassungen in der Sache, herangehen kann. Vom Niveau dieser Gesprächskreise hängt es allerdings ab, wie nachhaltig und wie weit freimaurerische Geisteshaltung von einer Loge ausstrahlt. Die Forderung nach humanitärem Engagement des einzelnen Bruders und jeder Loge braucht hier nicht eigens hervorgehoben zu werden.

Fassen wir zusammen: Die Freimaurerei ist zwar als Organisation nicht geeignet, etwa durch öffentliche Erklärungen der Würde des Menschen *mehr* Geltung zu verschaffen, als dies anderen Organisationen mit ethischer Zielsetzung möglich ist. Ihre große Chance liegt aber in der Selbsterziehung des einzelnen, in der Entwicklung einer sittlichen Lebenshaltung, die von Ehrfurcht vor allem Lebendigen geprägt ist; einer Lebenshaltung, die nicht von Lehrern anerzogen wird, sondern durch Arbeit des einzelnen an sich selbst erworben werden kann. Die Verfolgung der Freimaurer in fast allen totalitär regierten Staaten, zumindest aber die Auflösung der Logen und das Verbot, freimaurerisch zu arbeiten, verraten die Angst jener Herrschaftssysteme vor einer Erziehungsgemeinschaft, in welcher Gewissensfreiheit und Menschenwürde zu den höchsten Werten zählen. Die Diktaturen wissen sehr wohl etwas von der Kraft, die in diesem weltweiten Bund stecken kann.

Anmerkungen

(1) Vgl. Wachsmuth/Schreiber
(2) Wachsmuth/Schreiber
(3) Hesselberger 1976, S. 55
(4) Hamann
(5) Informationen zur politischen Bildung, Heft 187, S. 6
(6) Faust I, 860 ff.
(7) V. 2049
(8) Bossle
(9) Kap. 42 (87C)
(10) Maximen und Reflexionen 236 (aus Kunst und Altertum)
(11) Staat 514A ff.
(12) 246E
(13) Über Anmut und Würde
(14) Kant, S. 300
(15) Kant, S. 302
(16) Platon: Phaidros 279C
(17) Zitiert nach Wachsmuth/Schreiber
(18) Erschienen in: Kessler 1985, S. 78 ff. (Zitat S.100)

Literatur

Bossle, Lothar: Was kommt nach der Postmoderne? Vortrag bei der 44.Akademie-Sitzung der Humboldt-Gesellschaft für Wissenschaft, Kunst und Bildung e.v., Mannheim im Juni 1986 in Bamberg

Goethe: Artemis-Gedenkausgabe. Bände 5 und 9. Zürich/Stuttgart 1949

Hamann, Andreas: Das Grundgesetz für die Bundesrepublik Deutschland vom 23.Mai 1945. Neuwied 1961

Hesselberger, Dieter: Das Grundgesetz. Kommentar für die politische Bildung. Neuwied und Darmstadt 1976

Information zur politischen Bildung. Zeitschrift der Bundeszentrale für politische Bildung, Bonn (Hrsg.)

Kant: Kritik der praktischen Vernunft. In: Werke in sechs Bänden, Band IV. Darmstadt 1983

Kessler, Herbert (Hrsg.): Verantwortung in einer veränderten Welt. Abhandlungen der Humboldt-Gesellschaft für Wissenschaft Kunst und Bildung e.V. Mannheim 1985

Platon: Staat. Sämtliche Werke, Zweiter Band. Berlin (Lambert Schneider) ohne Jahresangabe

Platon: Phaidros. Sämtliche Werke, Zweiter Band a.a.O.

Platon: Timaios. Stuttgart 1952

Schiller: Sämtliche Werke in zwölf Bänden. 11. Band. Stuttgart und Tübingen: Cotta 1847

Wachsmuth, Werner und Schreiber, Hans-Ludwig: Die Würde des Menschen ist jedes Menschen eigene Aufgabe. In: Frankfurter Allgemeine Zeitung, 5.August 1986, Nr.178, Seite 9

Die Kelle

*Verbinde Menschen, wie die Steine
an einem Bau verbunden sind.
Und Menschenlieb als Mörtel eine
sie alle, die so eigen sind.*

*Und findest Risse du, Geselle,
wo unvollkommen aufgebaut,
schau um dich, und benutz die Kelle,
die dir zum Glätten anvertraut.*

Sehr geehrter Herr,

haben Sie freundlichen Dank für Ihr Schreiben, mit dem Sie mir mitteilen, daß Sie nach dem Besuch mehrerer Gästeabende in unserer Loge und dem eingehenden Studium entsprechender Literatur nunmehr ein Bild von der Freimaurerei gewonnen haben, das sie veranlaßt, uns um Aufnahme in diese Bauhütte zu bitten.

Wir freuen uns natürlich über den guten Eindruck, den unsere Bruderschaft auf Sie gemacht hat; denn das muß ja nicht immer so sein. Bei all den hehren Zielen, die wir Ihnen auf unseren Gästeabenden vorgestellt haben, bleiben wir Menschen, die nun einmal nicht vollkommen sind. Es ist mir ein Anliegen, Sie vor einer Erwartungshaltung zu bewahren, die Sie glauben läßt, in eine ideale Gesellschaft einzutreten. Die Loge ist eine Übungsstätte für die ,,Arbeit am rauhen Stein''. Bei dieser Arbeit bleiben wir ein Leben lang Lehrlinge. Seien Sie also nicht enttäuscht, wenn Sie nach Aufnahme in unseren Bund auch menschliche Schwächen entdecken.

Da bin ich bei einem wichtigen Punkt: Man sollte als Freimaurer seinen Maßstab nicht an seine Brüder anlegen. Freimaurerei ist etwas für mich ganz persönlich. Sie ist eine unvergleichliche Chance zu geistiger Vertiefung und sittlicher Vervollkommnung. Ihre Ziele sind aber so hoch gesteckt, daß kein Mensch von sich behaupten kann, auch nur eines davon erreicht zu haben. Wir haben als ,,Steinmetzen'' nur den Spitzhammer zur Verfügung. Mit seiner Hilfe wird aus dem rauhen Stein kein polierter Kubus. Dennoch sind Fleiß und Ausdauer gefragt, um das zu vollbringen, was unseren Fähigkeiten und Anlagen entspricht. Ich lebe als Freimaurer nach der Devise: Selbst wenn mich alle Brüder enttäuschen würden, wäre das für mich kein Grund, diesen Bund zu verlassen. Sein Gedankengebäude, das die Ergebnisse jahrtausendelanger Suche der Menschheit nach Weisheit und Erkenntnis eingefangen hat, ist so überzeugend und vermag so viel Kraft zu spenden, daß es sich lohnt, in dieser weltweiten Gemeinschaft mitzuarbeiten.

Noch eines: Bevor Sie Ihr Aufnahmegesuch unterschreiben, sollten Sie sich noch einmal bewußt machen, daß Sie einen Lebensbund eingehen. Wer Freimaurer werden will, muß sich wirklich klar darüber sein, ob diese Lebensgemeinschaft mit ihren Zielen und vor allem ihren spezifischen Wegen das Richtige für ihn ist. Natürlich kann und sollte eine Ehe geschieden werden, die für beide Partner zu einer Belastung geworden ist. Aus dieser Sicht ist die Freimaurerloge ein Verein, den man wie jeden anderen kündigen kann. Aber die gründliche Prüfung vor Eingehen dieses Lebensbundes kann schmerzliche Erfahrungen vermeiden, die immer dann auftreten, wenn Menschen, die sich einander freundschaftlich geöffnet haben, sich enttäuscht fühlen.

Wenn Sie nach eingehender Prüfung allerdings glauben, in dieser Gemeinschaft eine Erfüllung zu finden, dann darf ich Sie von Herzen ermutigen, ihr beizutreten. Ich bekenne, daß ich in meinem freimaurerischen Leben noch niemals das Gefühl des Gezwungenseins hatte. Die Weltbruderkette macht frei, und der Weg zur Loge hat für mich auch nach vielen Jahren noch nichts von seinem Zauber eingebüßt.

Sie wissen, daß Ihnen aus Ihrer Zugehörigkeit zur Loge keine materiellen Vorteile erwachsen. Im Gegenteil, die Freimaurerei kostet Geld und Zeit, denn sie verlangt Mitarbeit. Der geistige Gewinn ist aber um so größer, da die Anregungen aus Ritual, Symbolik und brüderlichem Gespräch unerschöpflich sind. Zum beglückendsten Erlebnis eines Freimaurers gehört, sich herzlich verbunden zu wissen mit vielen Hunderttausenden von Brüdern und ihren Familien auf dem ganzen Erdenrund. Wer einmal eine Loge im Ausland besucht hat — sie stehen Ihnen dann alle offen — wird dieses Erlebnis nie mehr vergessen. Man wird wie ein alter Freund empfangen, und auch ohne Kenntnis der Landessprache führt uns das Ritual den vertrauten Weg zum Licht. Und unsere Familien sind in diese Großfamilie herzlich integriert, auch wenn sie nicht an den rituellen Arbeiten des Männerbundes teilnehmen.

In diesem Sinne freue ich mich auf das, was Ihnen und unserer Bruderschaft bevorsteht.

Gebet eines Steinmetzen

Gib mir Deinen Vatersegen,
Großer Baumeister der Welt,
daß sich meine Hände regen,
wie es Deinem Plan gefällt;

daß ich Winkelmaß und Kelle
recht gebrauch am Großen Bau
und als Lehrling wie Geselle
Dich als meinen Meister schau.

Mach zum Frieden auf der Erden
doch mein Innerstes bereit.
Laß mich selbst ein Baustein werden
an dem Dom der Menschlichkeit.